驻村第一书记参与乡村治理机制研究

——以北京市为例

王军强　著

中国农业出版社

北　京

图书在版编目（CIP）数据

驻村第一书记参与乡村治理机制研究：以北京市为
例／王军强著 . —北京：中国农业出版社，2023.9
ISBN 978-7-109-30653-0

Ⅰ.①驻… Ⅱ.①王… Ⅲ.①乡村—社会管理—研究
—北京 Ⅳ.①D638

中国国家版本馆 CIP 数据核字（2023）第 071803 号

中国农业出版社出版

地址：北京市朝阳区麦子店街 18 号楼
邮编：100125
责任编辑：闫保荣　文字编辑：陈思羽
版式设计：小荷博睿　责任校对：刘丽香
印刷：北京中兴印刷有限公司
版次：2023 年 9 月第 1 版
印次：2023 年 9 月北京第 1 次印刷
发行：新华书店北京发行所
开本：700mm×1000mm　1/16
印张：11
字数：160 千字
定价：68.00 元

党的十八大以来，以习近平同志为核心的党中央把贫困人口脱贫作为全面建成小康社会的底线任务和标志性指标，在全国范围打响了脱贫攻坚战，经过 8 年持续奋斗，我国如期完成了新时代脱贫攻坚目标任务，在现行标准下农村贫困人口全部脱贫，贫困县全部摘帽，消除了绝对贫困和区域性整体贫困，近 1 亿贫困人口实现脱贫，取得了令全世界刮目相看的重大胜利。在完成全面脱贫任务的过程中，作为"六个精准"中"因村派人精准"的第一书记的作用功不可没。2019 年，习近平总书记在新年贺词中饱含深情地表示："我时常牵挂着奋战在脱贫一线的同志们，280 多万驻村干部、第一书记，工作很投入、很给力，一定要保重身体。"这充分肯定了第一书记工作制度的有效性和重要性，彰显了驻村第一书记在脱贫攻坚中的使命与担当。2021 年，中央 1 号文件要求要实现巩固拓展脱贫攻坚成果同乡村振兴有效衔接，同时强调"要坚持和完善向重点乡村选派驻村第一书记和工作队制度"。2022 年中央 1 号文件继续要求"发挥驻村第一书记和工作队抓党建促乡村振兴作用"，这进一步凸显了驻村第一书记在脱贫攻坚与乡村振兴衔接过程中的重要性，广大驻村第一书记在强化党建、谋划产业发展、促进乡村治理、实现乡风文明等乡村振兴事业中做出了突出贡献。但在工作中，他们也面临各类体制机制问题的掣肘。为此，课题组选择北京市作为研究地域，以北京市驻村第一书记为研究对象开展驻村第一书记参与乡村振兴的路径研究。

本研究调查的驻村第一书记来自北京市房山区、丰台区、通州区、昌平区等 13 个涉农区,实地调研采用了问卷、个案深度访谈、半结构访谈、小组座谈等调查方法,获得了丰富的一手数据和资料,同时,运用定性与定量相结合的研究方法分析所调查的数据及定性资料,以考察驻村第一书记在乡村振兴工作中的不同方面。

本研究所呈现的是该研究的主要成果,包括十个章节。第一章为引言,包括研究背景、文献综述及研究方法;第二章为驻村第一书记的选派情况,包括驻村第一书记选派来源、选派机制等内容;第三章为驻村第一书记的乡村融入,包括融入策略及政策启示;第四章为驻村第一书记的工作分析,包括驻村第一书记的工作内容、工作认知、工作需求等内容;第五章为驻村第一书记与乡村治理主体的互动分析,包括与基层政府、村干部、村民等的互动;第六章为驻村第一书记工作成效分析,包括组织建设、产业兴旺、美丽乡村建设等内容;第七章为驻村第一书记参与乡村振兴的影响因素分析,包括参与基层党建、收集民意等影响因素的分析;第八章为驻村第一书记的工作挑战,包括选派不匹配、角色模糊、培训针对性不强等问题;第九章为驻村第一书记视角的乡村发展问题,包括乡村治理、乡村产业、乡村社会等内容;第十章为讨论与建议。

本研究由王军强副教授主持,参加人员包括北京农学院的教授、副教授、讲师、硕士研究生,他们是韩芳、苟天来、董景山、彭慧、孙贝贝、雷广元、赵雪婷、史春荣、于宝洁等。本研究得到了北京市教委2019 年度社科计划一般项目(SM 201910020004)的支持,在此表示感谢!另外,还要特别感谢在调查过程中给予我们大力支持和配合的北京市支援农村建设志愿服务总队李福升等干部及各区驻村第一书记。

王军强

2022 年 9 月于北京

目 录
CONTENTS

前言

第一章　▶ 引言
一、研究背景及缘起 /1
二、文献综述 /2
三、研究方法与调查实施 /3

第二章　▶ 选派：第一书记驻村基本情况
一、第一书记驻村基本情况 /5
二、选派机制分析 /10
三、结论 /23

第三章　▶ 入场：第一书记的乡村融入
一、第一书记驻村工作的融入策略 /25
二、第一书记驻村工作融入策略带来的政策启示 /28
三、结论 /30

第四章　▶ 工作：第一书记工作分析
一、第一书记工作时间及内容分析 /32
二、第一书记工作认知分析 /40
三、第一书记工作支持及需求分析 /43

四、第一书记工作考核激励机制分析 /50

五、结论 /57

第五章 ▶ **互动：第一书记与乡村治理主体的互动分析**

一、基层政府与第一书记的互动 /58

二、村干部与第一书记的互动 /60

三、村民与第一书记的互动 /64

四、第一书记与乡村两级治理主体互动 /66

五、结论 /66

第六章 ▶ **成效：第一书记工作效果**

一、加强组织建设，显著增强驻村党组织的凝聚力、
战斗力 /70

二、推进产业兴旺，有效助力农村经济社会发展 /71

三、建设美丽乡村，大幅提升村庄宜居水平 /73

四、完善治理体系，切实提高乡村治理能力水平 /74

五、服务改善民生，显著增强村民群众获得感、
幸福感 /79

六、提升自身工作能力，促进基层工作效率 /79

七、压缩行政层级，提高基层发展需求上传效率 /80

八、结论 /81

第七章 ▶ **影响：第一书记参与乡村振兴的影响因素分析**

一、第一书记参与基层党建的影响因素分析 /83

二、第一书记参与收集民意的影响因素分析 /91

三、第一书记促进乡风文明的影响因素分析 /100

四、第一书记为民办事服务的影响因素分析 /105

五、结论 /110

第八章 ▶ **问题：第一书记工作挑战**
一、选派匹配度有待提升 /113
二、多重原因制约第一书记驻村工作 /114
三、第一书记收集百姓需求的路径有待优化 /118
四、原单位对第一书记的工作支持有待加强 /119
五、对第一书记的培训质量有待提升 /120
六、多主体视角的第一书记角色差异与治理消解 /121
七、第一书记权责不对等 /129
八、第一书记驻村时效不足，工作衔接机制有待强化 /130
九、第一书记作用发挥还存在不同的制约因素 /131
十、第一书记工作协调机制不完善 /134
十一、结论 /134

第九章 ▶ **反思：第一书记视角的乡村发展问题**
一、乡村治理 /136
二、乡村产业 /148
三、乡村社会公共性 /152
四、发展路径依赖 /158
五、结论 /160

第十章 ▶ **总结**
一、讨论 /162
二、主要建议 /162

参考文献 /165

第一章 引 言

一、 研究背景及缘起

党的十八大以来，习近平总书记对脱贫攻坚做出超强部署，各部门、各层级全面联动使我国在 2020 年全面建成小康社会。在此过程中，各级政府、企事业单位所选派的驻村第一书记和工作队发挥了重要作用，也得到了自上而下各级政府的高度认可。

（一）北京市第一书记政策实施背景

随着村庄空心化、人口老龄化、城镇化的快速发展，北京市乡村振兴面临多重困境，具体表现在乡镇政府服务意识及能力不足、村党组织软弱涣散、乡村法治建设薄弱等方面，这对北京市乡村振兴带来了巨大挑战。为有效缓解上述问题，北京市自 2015 年开始从各级政府及企事业单位选派优秀干部到低收入村、发展落后村、党组织软弱涣散村担任第一书记，连续三年累计选派机关企事业单位 900 多名优秀干部驻村担任第一书记，开展帮扶工作，实现了低收入村、发展落后村、党组织软弱涣散村全覆盖。多年以来，第一书记们活跃在农村基层组织建设、经济发展、产业开发、民生改善等各方面，与村两委班子一起为农村经济社会发展做出了重要贡献。但是，在具体的工作实践中，"第一书记"也面临着诸如队伍结构不平衡、政策把握不充分、缺乏农村工作经验、作用发挥平台不完善、基层群众对其期望值过高、与村两委班子关系不协调等一系列现实问题和困难，制约了第一书记作用的有效发挥，亟待深入研究。

（二）第一书记政策内涵演化

自 2017 年以来，中央 1 号文件对第一书记政策表述呈逐渐强化趋

势（表 1-1），第一书记的作用从相对单一转变为多元；政策延展性从
脱贫攻坚向乡村振兴延伸；政策时效由临时性向长效机制转变。在乡村
发展战略转型过程中，第一书记的选派范围在"贫困村、软弱涣散村和
集体经济薄弱村"基础上拓展到乡村振兴"重点乡村"，这一系列变化
都体现了第一书记政策内涵的拓展，表明中央政府对第一书记政策是肯
定的，并希望这一政策进一步衔接好精准扶贫与乡村振兴两大战略。

表 1-1　中央 1 号文件对第一书记政策的表述

年份	主要表述
2017	扎实推进抓党建促脱贫攻坚工作，充分发挥村党组织第一书记的重要作用
2018	建立选派第一书记工作长效机制，全面向贫困村、软弱涣散村和集体经济薄弱村党组织派出第一书记
2019	建立第一书记派驻长效工作机制，全面向贫困村、软弱涣散村和集体经济空壳村派出第一书记，并向乡村振兴任务重的村拓展
2020	持续向贫困村、软弱涣散村、集体经济薄弱村派驻第一书记
2021	坚持和完善向重点乡村选派驻村第一书记和工作队制度
2022	发挥驻村第一书记和工作队抓党建促乡村振兴作用

二、 文献综述

（一）第一书记参与乡村治理的作用

"干部驻村"制度有效整合了扶贫资源、激活了基层组织建设及改
善了当地民风[1]，霍庆涛对第一书记在推动精准扶贫、维护地方和谐稳
定等方面的职责进行了分析[2]；吴琼认为应该做到"当好、用好、带好
和转变"村里人[3]；王雨磊认为驻村干部通过落实各项扶贫"数字化指
标"而实现对农村事本主义的治理目标[4]。

（二）第一书记参与精准扶贫的问题研究

选派第一书记驻村的最初目的是扶贫，但在参与精准扶贫过程中也
衍生出各类问题：①驻村干部自身不足。有的驻村干部搞"走读式"
"挂名式"帮扶，有的驻村干部存在"只转转、不用心""只谈谈、不落
实"等问题。②治理机制障碍。在扶贫过程中，第一书记陷在跑部门、

弄资料、迎检查的旋涡中折腾，有心难办"屯里事儿"；村组干部抱着老办法不灵、蛮办法不行、新办法不会的"鸵鸟"心态，对脱贫翘首以盼，却毫无"本领恐慌"；对口帮扶单位重宣传、轻"造血"，各自为政，却独木难撑"富民之楫"[5]。有些单位对第一书记工作支持不到位，落实第一书记办公经费和有关待遇难，致使其工作积极性和主动性受影响。与原单位的评先表优和人员提拔的落差，让他们感到迷惘和失落[6]。"第一书记"扶贫工作的开展受到了上级政府目标设置权责不匹配与原单位有限资源的条件限制[7]。③村庄融入困境。群众认为第一书记就是跑项目扶贫的，使第一书记把主要精力放在跑项目上了，有些工作不够深入，帮助农民解决问题不多[6]。第一书记空降到贫困村，作为一股外部力量，在村庄人情关系之外，很难获得村民的信任和配合，而且容易形成与村庄的对立关系，最终引致矛盾和冲突[8]。大多数第一书记还游离于乡村社会之外[9]。④影响村民自治。驻村干部在产业帮扶上以引进项目为主而相对忽视村庄经济能人和村级经济组织的培育[10][11]。

（三）第一书记与乡村治理制度

①积极影响。吕忠认为下派第一书记是动员式治理逻辑的延续与展现，是党和政府在中国国家基础性能力制约下的理性选择[12]。多数研究认为干部驻村是一种嵌入式治理，"嵌入治理"模式是对村民"自治失灵"的有益补充[13]，"第一书记"的制度安排增强了村级党组织的领导力[14]；选派"第一书记"驻村帮扶促脱贫，是中国共产党解决"三农"问题的一项重要制度创新[15]。②消极影响。"第一书记"对村庄的帮扶具有很强的临时性、偶然性，是一种非制度化因素[16]。存在着缺乏稳定性保障和公平分配的顶层设计考量等问题[17]。

三、研究方法与调查实施

（一）研究方法

1. 文献研究法

通过梳理第一书记的政策文件及研究文献，并对比国外基层治理理论，初步构建第一书记参与乡村振兴的理论框架。

2. 问卷调查法

本研究的调查对象主要是北京市驻村第一书记，内容包括第一书记参与乡村振兴效果评估、影响第一书记参与乡村治理的因素及第一书记政策评价等。

3. 定性研究

本研究采取定性研究的案例研究法，对第一书记典型案例进行深入访谈以获取定性资料。课题组前往房山、丰台、通州、昌平、延庆等13个北京市辖涉农区对第一书记进行面对面深度访谈，了解其工作内容、工作问题及工作激励等情况。

4. 定量分析

结合前期问卷调查，综合运用不同统计分析方法，包括比例分析、交叉分析及回归分析方法，以便定量分析影响第一书记参与乡村振兴工作的影响因素及影响程度。

（二）调查实施

本研究前后进行了两次调查，分为预调查与正式调查两个阶段，按照便利性与随机性原则选择任意抽样的抽样方法。预调查阶段采用面对面访谈调查的形式，调查样本为102人，时间跨度为2018—2019年。此后，在预调查基础上，针对预调查出现的问题，课题组修正完善了部分问卷内容，又采集第一书记样本251人，总体样本为353人。由于正式调查的问卷增加了部分题项，因此调查数据可能在部分题项方面存在样本量差异。在统计学中，一般把抽取30个以上个体的样本称为大样本，因此，无论是353个样本抑或是251个样本都属于大样本。在分析过程中，对于前后两次调查中未改变题项的情况，本书主要进行描述性分析；对于正式调研的251个第一书记个体，合并前期调查样本，我们主要采用实证分析。

第二章 选派：第一书记驻村基本情况

一、 第一书记驻村基本情况

（一）第一书记中男性人数是女性人数的约八倍

根据调查，选派第一书记的性别中男性所占比例为 88.7%，女性为 11.3%，男性是女性的约 8 倍（表 2-1）。这表明在选派环节，组织部门充分考虑了第一书记的工作性质、工作条件、工作便利化等因素，选派男性第一书记下基层更有利于工作的顺利开展。

表 2-1　第一书记性别分布

性别	频数	占比（%）
男	313	88.7
女	40	11.3
合计	353	100.0

（二）第一书记的年龄总体处于年富力强阶段，不同年龄段的男性第一书记比例均多于女性

在年龄方面，经过统计分析发现，第一书记的年龄集中在 29~50 岁，达到 90.1%，其中 29~39 岁的第一书记占比为 50.0%，18~28 岁的第一书记占比为 1.5%，51~58 岁的第一书记占比为 8.4%，表明第一书记总体处于年富力强的阶段，这为第一书记工作的顺利开展夯实了年龄基础（表 2-2）。根据图 2-1 可以看出，所有年龄段的第一书记均表现出男性比例多于女性的特点。

5

表 2 - 2　第一书记年龄分布

年龄区间（岁）	频数	占比（%）
18～28	5	1.5
29～39	172	50.0
40～50	138	40.1
51～58	29	8.4
合计	344	100.0

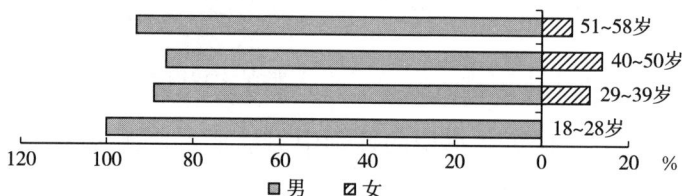

图 2 - 1　第一书记年龄性别金字塔

（三）第一书记的来源机构集中于区级政府和国有企业部门，市级部门派出的第一书记占比不足两成，高等院校及科研院所派出数量最少

第一书记所在单位的性质对其工作开展具有较大影响，根据问卷统计结果显示，第一书记来自区级政府职能部门的比例最高，为 48.4%；其次是国有企业，为 21.8%；来自市级政府职能部门的第一书记所占比例为 16.4%（表 2 - 3）。表明政府及企事业单位的优秀人才是第一书记选派的首要选择，且区级政府职能部门的第一书记选派比例高于市级政府职能部门。由表 2 - 3 可以看出，第一书记来自乡镇政府和高等院校及科研院所的比例虽较低，但对于促进市域范围内的区域发展不平衡及驻村科技帮扶的水平提升具有较大作用。

表 2 - 3　第一书记的来源机构或部门

类别	频数	占比（%）
市级政府职能部门	58	16.4
区级政府职能部门	171	48.4
乡镇政府部门	18	5.1
国有企业	77	21.8

（续）

类别	频数	占比（%）
高等院校及科研院所	22	6.2
其他	7	2.0
合计	353	100.0

（四）第一书记的学历整体较高，超九成为本科以上学历

第一书记作为集成各项惠农政策并服务基层的"桥梁"，学历水平是其领会并宣讲各项政策的重要基础。统计数据显示，北京市第一书记的学历整体较高，本科及以上的比例达到92.6%，超过九成，大专的比例为6.8%，高中及以下的仅为0.6%（表2-4）。这对基层党组织的学历水平提升必然带来积极影响。

表2-4 第一书记学历结构

类别	频数	占比（%）
研究生及以上	104	29.6
本科	221	63.0
大专	24	6.8
高中或中专及以下	2	0.6
合计	351	100.0

（五）第一书记职级以副科和正科为主

根据两次问卷数据统计，选派第一书记的职级分布在不同的行政职级。占比最高的是正科级干部，所占比例达到62.2%；其次为副科级干部，所占比例超过两成；其余职级干部，所占比例均低于10%（表2-5）。表明在选派第一书记驻村帮扶时，组织部门倾向于选派中等职级干部到基层锻炼。由于副科及正科干部通常较为年轻，因此，不仅锻炼了年轻干部，也有利于未来后备干部的培养。

（六）第一书记编制中行政编、事业编与企业编比例约为4∶3∶2

对第一书记问卷进一步统计表明，第一书记编制类别中行政及事业的比重最高，分别达到39.1%、35.1%；其次是企业，所占比例为

22.4%（表2-6）。总体上看，行政编制及事业编制的第一书记所占比例超过七成，企业主要是国有企业选派第一书记的比例超过两成，这与政府选派第一书记的重点群体相契合。

表2-5　第一书记职级概况

类别	频数	占比（%）
正处级干部	7	2.0
副处级干部	25	7.1
正科级干部	219	62.2
副科级干部	73	20.7
股级干部	1	0.3
普通干部	27	7.7
合计	352	100.0

表2-6　第一书记的编制情况

类别	频数	占比（%）
行政	138	39.1
事业	124	35.1
企业	79	22.4
其他	12	3.4
合计	353	100.0

（七）第一书记派出瞄准区域重点突出，派驻区域逐渐均衡

根据北京市自选派以来的前三批[①]第一书记的台账数据统计分布来看，三批次选派重点瞄准软弱涣散村、低收入村和发展落后村，目标性强。从区域分布来看，第一书记派驻村主要集中在城市发展新区和生态涵养区，城市功能拓展区所占比重相对较少，其中生态涵养区占比52.4%，城市发展新区占比40.22%，城市功能拓展区占比7.4%。

具体区域分布来看，延庆区占比15.72%，房山区占比12.76%，大兴区占比11.28%，门头沟占比9.68%，平谷区占比9.23%，怀柔区

---

① 以下特指2015年（第一批）、2016年（第二批）、2017年（第三批）这三批。

占比 9.00%，密云区占比 8.77%，昌平区占比 6.38%，通州区占比 5.13%，顺义区占比 4.67%，朝阳区占比 3.42%，丰台区占比 2.16%，海淀区占比 1.82%（表 2-7）。

表 2-7 三批次第一书记所在村区域分布

区	第一批		第二批		第三批		合计	
	派出村数	占第一批（%）	派出村数	占第二批（%）	派出村数	占第三批（%）	合计数	占三批合计数（%）
朝阳区	15	4.89	0	0.00	15	5.05	30	3.42
海淀区	11	3.58	0	0.00	5	1.68	16	1.82
丰台区	9	2.93	0	0.00	10	3.37	19	2.16
大兴区	48	15.64	1	0.36	50	16.84	99	11.28
房山区	32	10.42	34	12.41	46	15.49	112	12.76
通州区	11	3.58	3	1.09	31	10.44	45	5.13
顺义区	19	6.19	3	1.09	19	6.40	41	4.67
昌平区	17	5.54	24	8.76	15	5.05	56	6.38
门头沟区	19	6.19	47	17.15	19	6.40	85	9.68
平谷区	49	15.96	12	4.38	20	6.73	81	9.23
怀柔区	26	8.47	28	10.22	25	8.42	79	9.00
密云区	26	8.47	30	10.95	21	7.07	77	8.77
延庆区	25	8.14	92	33.58	21	7.07	138	15.72
合计	307	100.00	274	100.00	297	100.00	878	100.00

从地理方位上看，第一批第一书记任期结束后，余下的第二批和第三批派驻的第一书记主要集中在西北和东南。从第一书记派驻村庄密度来看，第一批主要集中在大兴和房山等城市发展新区和平谷、怀柔、密云、延庆等生态涵养区，第二批主要集中在生态涵养区，第三批主要集中在大兴、房山和通州等城市发展新区。从第二批至第三批的变化来看，派驻空间上符合北京南向和东向发展需求，又兼顾脱贫攻坚的战略要求。

（八）选派第一书记有利于干部培养目标

三批派驻的第一书记编制主要有行政、事业和企业等。在行政职级上，机关和事业单位以科级为主，企业类单位以中层管理者为主，总体上瞄准了培养干部的目标，同时也有利于充分利用中层干部的资源协调优势开展帮扶工作（表2-8）。在派出的第一书记中，正科级人数最多，所占比例达到61.93%；其次为副科级干部，所占比例也达到14.45%；经理和副经理占第一书记总数比例也不小，分别为6.65%、6.08%。

表2-8　第一书记的职务情况

职务	频数	占比（%）	累积占比（%）
正处级	19	2.18	2.18
副处级	39	4.47	6.65
正科级	540	61.93	68.58
副科级	126	14.45	83.03
科员	32	3.67	86.70
经理	58	6.65	93.35
副经理	53	6.08	99.43
村支书	2	0.23	99.66
退休干部	1	0.11	99.77
董事长	1	0.11	99.89
职员	1	0.11	100.00
合计	878	100.00	

二、选派机制分析

（一）第一书记驻村工作的动因除组织安排外，其他原因主要是出于了解基层、服务乡村的工作情怀

为了解第一书记的工作动力，我们对其驻村工作的原因进行了调查，统计数据表明，第一书记驻村工作最主要的原因是"组织安排"，所占比例超过七成（表2-9）。其次是"能够了解更多的农村经验"，这一比例也接近六成。驻村第三大原因是"驻村工作有成就感"，所占比例为30.7%。驻村第四大原因是"喜欢和村民打交道"，所占比例为24.9%。也有17.8%的第一书记驻村动因是"希望得到晋升"。而"有

额外的驻村补贴"对于第一书记驻村的影响并不明显，仅有 1.7% 的比例。总体上看，组织安排是第一书记驻村工作最主要的原因；第二、三、四大驻村原因既表明第一书记希望学习更多乡村工作经验，又表达了下乡工作的情怀；也有少部分驻村第一书记希望驻村工作能得到晋升。

表 2-9 第一书记驻村工作的原因

单位：%

具体选项	是否选择	
	否	是
组织安排	29.0	71.0
希望得到晋升	82.2	17.8
驻村工作有成就感	69.3	30.7
喜欢和村民打交道	75.1	24.9
有额外的驻村补贴	98.3	1.7
能够了解更多的农村经验	40.8	59.2
其他	94.4	5.6

注：问卷中本题为多选题。

"为什么选择当第一书记，这个有组织委派的原因，还因为我当过工人、当过兵，唯独没有农村工作经历，所以我希望能来农村看看，了解一下农村是怎么样的。我经历过这么多岗位，自认为自己的工作能力还是不错的，现在我的工作能力也得到了提升和认可。"

——H 区第一书记 W226[①]

上述访谈表明部分第一书记选择第一书记工作的目的是丰富自己的职业生涯，同时在驻村工作中自身也得到了锻炼。

（二）选派与村庄实际需求相匹配的第一书记有利于促进乡村发展

选派第一书记驻村工作关键在第一书记自身资源、能力与所驻村庄的实际需求是否匹配。

---

① 基于学术惯例，本书访谈部分内容均以字母和数字来指代第一书记及其所驻区县。

"我本身从事审计工作，也有法律方面的专业特长，而村里有一些经济纠纷什么的，正好我可以利用我的专业特长帮助村里解决经济纠纷等问题。"

——F区第一书记WY004

"我所在村子土地全部流转了，我的原单位是农口的，现在工作跟原工作比较对口。我发现其实村里林地的面积很大，共300亩*，分好几大块，所以我想着对村里的林地资源进行科学规划。到村第三天，我就跟着党委班子对村子进行了考察，与居民进行座谈，制定了村庄经济发展的大概思路。"

——F区第一书记LY675

"我自己也总结，一定要做村里想做的，这样他们才有积极性。同时，一定做自己能做的，这样成功率才高一些。"

——E区第一书记LD780

由上述访谈可以看出，只要村庄发展需求与第一书记擅长领域能够对接，那么第一书记开展工作就能够实现有的放矢。同时，第一书记自身也要主动对接村庄发展需求，并且找到自己能做好工作的结合点，这样才有利于工作的顺利开展。所以在选派第一书记过程中，一方面要考虑其擅长是否能与村庄发展需求相结合；另一方面选派的第一书记应具有主动工作意识，不能被动工作。因此，第一书记的驻村工作意愿应是选派第一书记的重要考量事项。另外，在调查中，部分第一书记也强调了匹配度并非万能的观点。

"匹配度应强调，但不应过分强调，人无完人。"

——I区第一书记Z123

但基于村庄发展实际和第一书记作用发挥的"双目标契合"，选派第一书记必然需要考虑选派匹配度问题。

---

* 亩为非法定计量单位，15亩＝1公顷，全书同。——编者注

（三）选派与村庄实际需求不匹配的第一书记无法实现选派目的

1. 选派单位与村庄实际需求不匹配

选派第一书记过程中，选派单位很关键，这既与选派单位的性质有关，也与选派单位的资源动员能力有关，更与选派单位对第一书记工作的认识和支持意愿有关。

> "我的派出单位是广电部门，原来工作是宣传，到村后就借助单位平台进行三级应急广播，并且通过广播发布通知、孵化项目，宣传村里的环境资源吸引投资。"
>
> ——A区第一书记WL730

> "我来自涉农部门，但我在的村是以苹果为主导产业的，没有多少耕地，与原单位资源不完全匹配，我了解的许多农业政策用不上，能发挥的作用非常有限。我觉得在选派下一批第一书记时可以多做一些前期工作，这对后期发挥第一书记的作用也是一个很大的帮助。"
>
> ——D区第一书记W180

由上述访谈可看出，选派单位的不匹配可能带来单位工作农村化、发展资源依赖症、选派精准度不足三类问题。

首先，在单位工作农村化方面，第一书记工作属于自上而下行政选派，且行政机构的类型虽多，但与农村关联性大的并不多，因此一些与农业并不特别相关的部门就面临"单位工作农村化"的趋势，即单纯结合本单位的资源来开展驻村帮扶工作，而无视村庄发展实际需求。更甚者第一书记对村庄帮扶主动性不强，进而导致帮扶工作单位化，即"单位提供什么就干什么，不提供就不干"的倾向。单位工作农村化的表征是将选派第一书记工作视为一项例行工作，选派单位还无法将其提高到"全面小康补短板"的国家战略层面，此种表征反映了选派单位瞄准存在"两张皮"问题。

其次是发展资源依赖症。项目制、资源下乡等作为国家治理乡村的重要体制在全国各地广泛实施，但第一书记驻村帮扶制度属于嵌入型扶贫，嵌入型扶贫模式对国家权威和资源存在较大依赖性，因此稳定性不足，导致其扶贫成果具有一定的脆弱性。而且，由于外部力量的"嵌入"，一定程度上取代了原有村领导集体，甚至主导乡村社会的发展态势，容易压制村庄内生性，长远来看并不利于乡村自主性的发展[18]。因此，村庄对于第一书记驻村工作更多是希望带来扶贫资源，而非激活内生动力。从这个角度看，选派单位的资源动员能力是一把"双刃剑"，既可能促进村庄发展，又可能消解村庄发展，表现为"外部资源诅咒"。

最后是选派精准度不足。由上述第一书记（W180）访谈可知，尽管其属于涉农部门选派，但驻村后仍发现与本单位不完全匹配，究其原因是选派单位资源与村庄的优势产业不匹配所致。这里涉及精准对接问题，随着乡村产业、乡村结构、乡村人口的嬗变，各个村庄发展的实际需求既存在共性，又存在个性，在村庄内外部发展资源对接过程中难以实现精准对接，但可以采用村庄发展需求与第一书记选派单位资源动员能力的"最大公约数"匹配的方式对接。

2. 与村庄本底资源和治理能力不匹配

村庄作为帮扶主战场，其自身的资源条件、治理秩序也决定了帮扶对接的有效性。理论上来说，村庄发展资源越丰富、治理秩序越好，其越能得到有效的帮扶对接。

> "这是一个对应问题，（如果）村里条件不好，村书记也不是很强硬，你来一个第一书记，能给他村里带来丰富的利益，那还比较融洽，这是好的情况；如果对应不好也不行。"
>
> ——J 区第一书记 J145

> "村里的干部不会看你是哪里来的，他只关心你能带来什么。"
>
> ——F 区第一书记 XD554

> "第一书记想干的事，村里没有资源就做不了。"
>
> ——I 区第一书记 Z167

"比如村里没有建设指标，你派一个建委来的第一书记也没有意义。"

——B 区第一书记 SZ356

由上述访谈可以看出，村庄治理失序必然消解第一书记工作的主动性；村庄资源条件不佳也会影响第一书记工作的主动性。第一书记作为外部治理源，到村的一项重要工作就是抓党建，但由于角色模糊，定位不准，其往往与村干部之间存在一层"透明墙"，即大家相互看得见，但摸不到心里在想什么，因此对于失序的村庄，第一书记的工作更多是"协调""黏合"等"和稀泥"功能，这样必然会分散其促进乡村发展的精力。另外，北京市选派的第一书记由于多数派往偏远山区，这些村庄发展本底较差，单纯依赖项目、外界输入资源等方式短期能有所改观，但从长期来看，并不符合乡村发展规律。根据《北京市乡村振兴战略规划（2018—2022 年）》，北京市乡村发展的未来将有整治完善类村庄、城镇集建类村庄、特色提升类村庄、整体搬迁类村庄①四种类型，第一书记所驻村庄中一部分低收入村即属于整体搬迁类村庄。因此，针对村庄资源差、没有建设用地指标的村庄在选派第一书记时不能从资源帮扶视角考虑，而应从村庄未来发展类型考虑。

3. 第一书记个人能力与村庄实际需求不匹配

第一书记个体能力、社会资本及对第一书记工作的认识等都会对其驻村工作能否顺利开展起到重要影响。

"咱们应该是围绕'抓党建、促发展、惠民生'开展工作，可党建政策有哪些、发展的方式有哪些，第一书记对这些掌握是不足的。"

——组织部干部 L001

由上述组织部门的访谈可以看出，第一书记自身也存在无法胜任驻村工作的情形，而此类情形有很多原因，一方面是第一书记不愿意被选

---

① http：//www.beijing.gov.cn/zhengce/zhengcefagui/201905/t20190522_61747.html.

为第一书记而又在行政命令下不得不接受工作；另一方面是第一书记愿意从事第一书记工作但其实自身并不具有对应的工作能力。前者表明行政式选拔第一书记往往无法达到激励工作的目的，在压力型体制下，第一书记往往会被动工作，比如可能采取的工作态度有"稳妥就行""不出事就行""过得去就行"等，这种强制安排还会带来不利于组织凝聚力提升的结果。而后者则是第一书记对自身的工作能力认知过高，即实际能力并不匹配其工作职责。根据彼得原理，在各种组织中，由于习惯对在某个等级上称职的人员进行晋升提拔，因而雇员总是趋向于被晋升到其不称职的地位①。因此，一些第一书记仅从未来的职业晋升考虑而主动选择第一书记工作，但实际其并不具备工作所需的能力，进而可能带来"尸位素餐"的结果。此外，第一书记作为挂职干部，普遍认为挂职锻炼是组织为培养后备干部而搞的一种形式，认为挂职一年半载，回来后就可以升迁[19]。

4. 市区两级选派人员资源动员能力有区别

北京市选派的第一书记分别来自市区两级，市派较少，区派居多，但在选派的过程中同样需要注意匹配问题。

> "我对市区各委办局的相关惠民政策还是不够了解，所以说尽管是市派第一书记，但其实不占优势。区派第一书记首先是接地气，对各种政策比较了解。市派或跨区派都会有问题，需要重新梳理、挖掘政策，尤其是我们教育口的，从来都没有跟农口沾边。"

——A 区第一书记 T100

上述访谈反映了市区两级选派存在的三种模式：第一种是市派，第二种是本区派，第三种是跨区派。相比于本区派第一书记，市派第一书记和跨区派第一书记存在先天的区隔感，如果资源动员能力不足、单位支持有限、个人人脉缺乏等，市派和跨区派第一书记在开展工作的过程

---

① https：//baike. baidu. com/item/彼得原理/720295? fr＝aladdin.

中必然会面临各种掣肘。

5. 选派机制有待优化

选派第一书记驻村开展帮扶工作属于行政治理贫困（脱低）的范畴，是我国特殊体制机制决定的，但在自上而下通过行政命令来推进第一书记工作的过程中难免会产生工作消解的现象，此种"运动式治理"往往也会带来多种负面结果。

> "我来自大学，一直从事学生工作和党建工作，当时学校就只给我两个小时考虑，很突然。实话实说，我对市里的政策，包括市农委的一些政策确实不了解；此外，我对区农委的政策也不了解。"
>
> ——A 区第一书记 T100

> "应该点对点、一对一，这个村如果需要挖掘红色文化，派老师去就正合适，这就是需求对接机制。但现在完全是组织派的，选派第一书记从确定人到确定村，基本是扒拉脑袋，你有什么特点，那个村有什么需求，他们没有考虑。"
>
> ——H 区第一书记 SHL

上述访谈表明选派单位对第一书记的选拔工作过于随意，对于其工作能力、对政策的了解等并未考虑，单纯依靠行政命令来推进工作，这也会带来第一书记选派不精准问题。在推进精准脱贫的进程中，我国的举国体制具有"集中力量办大事"的政治优势，但政策在推进过程中也会面临执行偏差，表现为事本主义、任务主义，在实践中并未考虑选派对象的个体意愿、能力及资源动员能力，对村庄则不考虑村庄发展的实际需求，是为了完成任务而完成任务，呈现的是责任下移、荣誉上移现象，存在试图让下级的"责任状"成为自己的"免责单"的倾向。

（四）第一书记无法全职驻村

按照政策规定，第一书记不占村两委班子职数，原则上不参加换届选举。第一书记应坚持全职驻村工作服务，党组织关系转到村。这样规定实际要求第一书记的工作关系阶段性转移到基层农村，是为了使第一书记驻村工作期间没有后顾之忧。

> "我跟两位村干部接触，刚开始缺乏归属感，他们就觉得你是上面派下来的，反正就待两年，是来'镀金'的。而且我相对来说还不能把村作为重点，因为单位的事我还得做，我们科协主要做科普，跟农村还挂不上边，村里也没有这个需求。"
>
> ——A 区第一书记 XM887

> "如果真的不再负责原单位的工作，领导是会有意见的。毕竟一般还是要回去的，要分清楚哪个是'娘家'，会有这个压力。"
>
> ——E 区第一书记 L187

由上述第一位第一书记的访谈可以看出，第一书记还无法保证全职工作，具体表现在村干部视角和其自身的工作认知。对于村干部而言，他们认为第一书记驻村工作主要是为"镀金"，其不会将驻村工作与本职工作完全等同，会产生"工作替代"效应，即第一书记尽管也会驻村工作，但在其看来本职工作更为重要，因此驻村工作的重要性就会位列其次。从第一书记自身工作认知看，由于本职工作专业性较强，与驻村工作需求存在差距，两者不匹配，因此对待驻村工作必然无法全身心投入，进而就会继续做本职工作。

由上述第二位第一书记的访谈可以看出，第一书记之所以无法全职驻村工作，有很大原因是来自原单位的压力。第一书记工作的运动式治理属性及阶段性属性决定了第一书记工作的短期性，在结束帮扶工作后第一书记仍要返回原岗位。因此从场域转换来看，其目前的工作地点仅仅是过渡场域，最终的工作场域仍是原单位，在原单位的场域中，仍然会涉及各类评优、晋升、晋级等场域权力竞争，若第一书记驻村期间不再理会原单位的工作及原单位领导的指示，则其在未来返回工作单位场域后的竞争必然会处于劣势。所以第一书记仍会坚持做原单位的工作，因为无论从职业专业性还是从职业道义角度看都能为其未来的职场竞争"添砖加瓦"。

对组织部门而言，第一书记无法全职驻村工作，这里既有制度原因，又有社会资本原因。从制度角度，第一书记无法全职驻村是由于相关激励机制不明确导致。根据访谈，部分第一书记表示自己还未返岗，自己的岗位已经被其他人顶替，有的第一书记表示驻村经历在晋升中的权重不足，这些都属于导致第一书记无法全职工作的制度原因，也可以说是基础原因。而在社会资本方面，第一书记由于最终需要返回原单位，在原单位工作期间与领导及同事的关系是长期建立起来的，而关系的稳固需要经常通过联络、主动响应领导召唤等方式进行回应，因此第一书记也无心全职工作，"身在曹营心在汉"是部分第一书记无法全职驻村工作的重要表征。

"全职驻村基本没实现，有的还在承担原单位的一些工作，有的是选派单位经常把第一书记叫回去工作，还有一些不愿意放弃自己原来的岗位，经常担心自己的岗位受威胁，要主动回去工作。"

——组织部干部 L001

（五）选派单位对第一书记工作的认识和支持对于第一书记工作成效具有重要影响

第一书记驻村期间能否得到选派单位的支持是其能否有效工作的重要保障，但选派单位却存在对第一书记工作的认识不足问题。另外，现有的选派机制也存在对选派单位压实责任不足的问题。

1. 选派单位对第一书记工作认识不足

对于第一书记工作，不同选派单位因为业务领域与农业关联度存在差异，导致有些对第一书记工作的认识更多是表面性、走过场、短期性的。

"关键还是得给派出单位领导压力，他们一开始都不理解，就认为跟以前一样走个过场、露个面就行了，起初领导的概念还是那样，后来组织部不断加压，他们才开始转变。"

——A 区第一书记 W890

> "派出单位没有真正把自己的精兵强将派过来，有的就是把直属单位或者三级及以下企业或者总公司的人派出来。"
>
> ——组织部干部 L001

精准扶贫、精准脱低作为我国国家阶段性战略具有自上而下的行政动员性，在我国的单一体制下，各个不同性质的组织都会响应中央的战略决策，包括基层政府、事业单位、国有企业、社会组织等各类组织，但不同组织都有自己的主业工作，并非都是单纯的行政部门。另外，选派第一书记的派出单位在派出挂职干部前既没有与接收单位做好沟通协调，也没有考虑挂职活动要达到的效果，就盲目派出[19]，他们对第一书记工作的认识更多是一种行政任务，带有完成任务的形式主义倾向，而并不考虑任务完成的质量和第一书记工作所遇到的困难，因此才会出现一些选派单位将一些闲职或三级单位的不重要岗位工作人员作为派出对象的现象。这种选派第一书记的态度体现了表面认同背后隐藏着的深刻分歧。而且客观而言，一些选派单位自身也存在缺乏可选派出人员的境遇。众所周知，基层政府在"上面千条线，下面一根针"的工作压力下，自身的工作人员数量也存在不足，因此他们对选派第一书记工作自然存在一定的抗拒心理。

2. 对选派单位的责任压实还存在体制机制问题

层层压实责任是近年来各级领导机关在强化责任意识时的主流话语，其目的是强调在抓工作落实时各级都要发挥作用，形成齐心协力、齐抓共管的良好局面①。压实责任也逐渐成为一种政治语言而出现在各种场合，第一书记工作也同样适用。

> "派出单位不能只出第一书记一个人，你派出单位得发挥出单位的作用啊，第一书记一个人的能量是有限的，他的资源也好、他的能力也好都是有限的。让第一书记找派出单位和派出单位主动上手解决是两码事。"
>
> ——G 区第一书记 Z054

---

① http：//www.81.cn/gfbmap/content/2018-08-30/content_214625.htm.

"市里对第一书记工作肯定是很重视的，但是有没有有效的监督机制，市里怎么监督派出单位，派出单位是不是真的把这个当成它的任务，还是说派一个人就完了，这些如果派出单位没有压实责任，那第一书记再累也没用，特别是市派第一书记，多数就是一个小科长，科长在市里是一个很低层次的干部，如果局里没有这个意识的话，你要想动用局里的资源是很困难的。"

——I区第一书记 Z167

从上述访谈可以看出，选派单位对于第一书记的工作支持至关重要，但目前部分选派单位对第一书记工作尚未压实责任，这与选派单位对第一书记政策存在理解差异同时重视程度不足有关。上述访谈从不同方面分别反映了选派单位责任压实问题，如选派单位主动支持第一书记的工作意识不足、对选派单位缺乏监督机制等。由于第一书记驻村工作期间主要是个体嵌入，其资源动员能力发挥更多还需依靠原单位，因此原单位的主动需求对接（问计于民）则较为重要；对第一书记的监督机制则更多是从考核机制方面对选派单位进行督查，而该督查机制尚未有效建立。

（六）组织部门对第一书记工作的稳定思维可能带来固化效应

组织部门和涉农部门是选派第一书记的总指挥，他们对第一书记选派的制度安排关系到第一书记工作的可持续性。以下为我们对组织部门L的一段访谈。

问："选派第一书记的过程是怎样的？"

组织部门L："我们要求市级选派的第一书记原单位包原村，如果有特殊情况可以进行微调，但总体上是不变的，因为这样可以增加持续帮扶的力度，让所帮扶的村真正有提高。"

问："但据说有资源的村，帮扶也多，容易出成绩；有的偏远村本来就没什么资源，第一书记资源也不多，他们觉得资源不平衡。"

组织部 L："这块打破不了，这跟选派单位对这个工作的重视程度有关，比如来自市属国企，就有强大的支持，如果是三级企业选派的，支持力度就可能不足，还有对农村工作的了解程度也不同，确实有制约。"

上述访谈反映出组织部门对第一书记工作有稳定性要求，即一个组织对接一个村，而且要持续给予帮扶；而且选派单位的资源是否匹配并非组织部门最大考虑，关键在于选派单位的重视程度。但上述组织部门对于第一书记工作认知的稳定性考量会带来帮扶的固化效应，即不管帮扶效果如何，原来的"结对帮扶关系"不能调整。这可能有以下原因：

首先，组织部门尽管拥有一定的人事任免权，但当帮扶单位较多时，由于信息不对称，组织部门并不知道哪个帮扶单位在哪些方面具有更大优势，而且组织部门也无法完全掌握各个村庄的发展需求实际，所以在给选派单位分配驻村任务时难免会出现盲目性、不匹配性等缺陷。因此，为了方便工作，一旦确定了结对帮扶"对子"，作为行政机构的组织部门和农委部门都不愿轻易改变结对格局。

其次，驻村帮扶作为中央的战略决策是组织部门必须落实的，由于科层制行政方式，组织部门更关注选派任务是否推进，比如某个选派单位是否派出了第一书记，其对第一书记工作是否匹配、选派单位是否重视等显然无法一一核对，这可能带来选派工作的"磨洋工"现象。

总之，在选派对接工作中，结对帮扶的质量如果无法衡量，而原有的结对帮扶格局又无法调整，结果必然会出现"出力不讨好""巧妇难为无米之炊""没有金刚钻但不得不揽瓷器活"等现象。

（七）选派第一书记接续工作机制待完善

随着我国 2020 年在现行标准下农村贫困人口全面脱贫，我国的贫困问题逐渐由绝对贫困向相对贫困转变，精准扶贫与乡村振兴将需要进一步有机衔接，作为国家推进乡村振兴的重要支持力，第一书记工作能否延续、如何延续、延续方式是否有改变等都是未来第一书记工作必须要考虑的问题。

"低收入政策到 2020 年全都要到期。我们走了以后所在单位还会继续帮扶这个村，至于是否继续派第一书记就不清楚了。"

——A 区第一书记 LW001

"我是跨区选派的，我们区还会出人，但不一定还是原单位，可能我们镇就不派了，也许换个街道、换个乡镇，我们现在所开展的这个工作的延续性就是一个很大的问题。比如我还是 ST 镇的干部，我们领导了解我的工作，再派人来也有一个连续性，但如果换一个镇派第一书记，再衔接需要起码半年时间，思路、理念可能都变了。"

——E 区第一书记 WD006

上述访谈表明目前对于第一书记工作的接续机制安排还未完全出台，而工作接续机制对于农村工作的连续性具有重要意义，由于不同第一书记擅长领域有别，其推进工作的方式、内容也有差异，与此同时，村庄资源条件如土地政策等也可能调整，如果此时选派的继任第一书记与前任第一书记无论是专业特点、擅长领域等都相差较大，就必然会消解前任第一书记的工作效果。此外，第一书记的接续机制还存在于乡村治理过程中，继任第一书记如果更换一个单位进行选派，则存在无法继承前任第一书记与村干部建立的信任关系的情况，这也会带来一定的行政成本耗损。

三、 结论

第一书记驻村工作的第一步是从不同社会组织包括政府、事业单位及国企选派工作人员驻村担任第一书记，所选派的第一书记以有利于培养锻炼干部为目标，而且第一书记整体学历较高，年轻化趋势明显。被访谈第一书记选择驻村的原因主要是组织安排，也有部分第一书记表示驻村工作能够使自己更加了解农村，这一点反映出第一书记较强的为民服务情结。第一书记选派要实现工作成效，选派匹配度是重要的保障，但实际选派过程中，仍存在不同的选派不匹配，包括单位不匹配、村庄不匹配、个体能力不匹配、行政选派不匹配等情形。此外，部分第一书记还无法实现全职驻村，尽管制度要求第一书记驻村，但考虑驻村结束后还需返回原单位，囿于原单位工作压力，部分第一书记无法全职驻村。

第一书记原单位对其工作认识也存在不足，比如认为是走过场、走形式等，尚未压实自身责任；在第一书记工作接续安排上尚未建立有效的衔接机制，存在为了完成任务而选派人员的情形，这不利于第一书记工作的可持续开展。

第三章

入场：第一书记的乡村融入

一、 第一书记驻村工作的融入策略

第一书记作为社区外部治理资源，融入社区是关键一步，而且融入不仅包括身体融入，也包括思想融入。第一书记通过不同策略主动融入也是其顺利开展工作的关键。

（一）情感型融入

党和政府无论是在革命年代还是在建设年代，都很强调"从群众中来，到群众中去"这一群众路线理念，这一理念的核心便是拉近党群、干群的关系。因此，广大第一书记也普遍采用此类方式融入乡村社区。

> "一开始没人理也要待着，多交流，激发情感，防汛期我跟他们一起熬着，他就会觉得你不是来'镀金'，是要做事的。第一书记需要具备的一个能力是亲民能力，村里什么人都有，把他们当成你的老师，不要让人觉得你跟他们有距离感。"
>
> ——A 区第一书记 FM050

> "首先你这个第一书记能在村里待住了、融入了，工作才能往下开展，才能得到别人的认可。"
>
> ——H 区第一书记 L008

> "我刚来这个村时，自己在局里的工作还没脱开身，和村里的干部交流不多，有一天村里的书记找到我，说：'你怎么不跟我们聊聊天呢？'当时我就想确实是我的失误。要想真正在本地踏实工作，就是要跟他们谈心、交流才能深入人心，我现在天天住在村里，他们总能看到我胡子也没刮，因为没时

间刮。"

——F区第一书记WY004

上述第一书记的访谈表明，在进入农村场域的初始阶段，为了顺利开展工作，第一书记可使用"以身作则""以德服人"的情感策略来消弭村干部的疑虑和误解，同时，在工作方式方面也应保持谦虚、向下学习的姿态，这与党的基层"群众路线"的工作方式方法是一致的，也是新时代基层治理的重要方法。此外，第一书记工作与其他农村基层工作一样，要与村干部交心，以心换心融入村庄，并成为一分子，这样更加有利于第一书记与村干部之间的工作协同。

（二）资源型融入

城市化、市场化及商品化的发展不断从乡村"抽取"其所需的各类资源，发展资源的缺乏导致农村公共服务不断衰败，部分研究者认为这是"放权式"治理后国家将大部分公共事务下放给农村社区导致的[20]。随着促进城乡融合发展等相关政策的颁布，城市反哺农村、城市向农村进行资源导入就成为乡村振兴的重要路径，而第一书记恰是党和政府实施"资源下乡"的抓手，第一书记也被农民视为"资源的化身"。

> "我所在村子的土地全部流转了。我原单位是区农业局，现在工作跟原工作比较对口，我发现其实村里林地的面积很大，共300亩，分好几大块，因此来了以后就对村里的林地资源进行了科学规划。到村第三天的时候，我跟着党委班子对村子进行了考察，与居民进行了座谈，制定了村庄经济发展的大概思路。"

——F区第一书记LY675

上述第一书记的访谈表明，派驻单位的资源支持为第一书记顺利融入提供了资源保障。相反，如果什么资源都无法带来，那第一书记的融入过程则会面临较大障碍。

近年来，国家自上而下地向乡村地区输入资源主要以专项项目等方式来实施，因此农民对上级政府所派驻的第一书记也会形成"项目依赖"。根据对多位第一书记的调查，第一书记到村工作后，为了能得到村干部和村民的认可，都进行了各种资源的引入工作，有的是借助自己的派驻单位引入资源，而如果派驻单位没有资源，那只能通过自己的人际网络关系为村子引入资源。

（三）乡土型融入

费孝通先生的经典著作《乡土中国》一书中提出两个非常重要的概念："熟人社会"和"差序格局"，而刘守英等分析中国近百年结构转变及其由此带来的人地关系与乡村制度变革，得出中国已经从以农为本、以土为生、以村而治、根植于土的"乡土中国"进入乡土变故土、告别过密化农业、乡村变故乡、城乡互动的"城乡中国"[21]。尽管一些研究者认为改革开放以来，乡村社会逐渐从熟人社会向半熟人社会转变[22]，但农村社区的"人际关系""人情往来"等熟人特征依然存在，只是表达方式和形式出现了迭代，农村社会在某种程度上仍是具有乡土性的社会，第一书记要想顺利融入同样需考虑这个关键特征。

> "第一书记想融入农村工作，首先要得到大家认可，要把自己当成村民，村里婚丧大事都得到现场，大事小情都得帮忙，让大家感受到书记和干部的关心。"
>
> ——H 区第一书记 M996

由上述第一书记的访谈可以看出，入乡随俗、以"本地人"的身份与村民交流及体察民情是第一书记的重要融入策略。从某种程度上说，村庄的婚丧嫁娶、大事小事等社区共同体的礼俗秩序是第一书记融入社区"必须"遵循的规则。

（四）行政型融入

密切党同群众的血肉联系一直是党在农村基层工作的指针之一，而基层干部的入户走访是通常的体察民情的方式。第一书记尽管事实上不属于社区本土干部，但为了打开工作局面、顺利融入，他们主动将自己的角色定位为本地干部，采取入户走访的行政方式主动融入。

"我原单位没钱，协调能力和其他方面也比较弱，所以我刚到村里时大家心里打了一个大大的问号，不怎么接受，见面也特别客气。后来我就采取最笨也最土的方法，入户走访，去村民家里拉家常。"

——A 区第一书记 WS006

在调查中，B 区第一书记 S098 为了融入社区，到村后直接建章立制，并严格执行坐班制度，不仅村干部不再"无为"，村民也普遍满意，但这一行政融入的前提是第一书记能在村内立威，能对现有的村庄治理结构带来革新，否则融入社区开展工作并不容易。

二、 第一书记驻村工作融入策略带来的政策启示

（一）第一书记驻村工作重塑了基层乡村治理结构

首先，第一书记作为自上而下选派的一支治理队伍，不仅代表选派单位或个体，更代表国家，是政府对乡村自治与基层党建工作"双弱化"的及时回应性制度安排。第一书记作为村庄场域外的新型治理主体，要顺利完成上级政府①的工作则必须能够融入村庄，但由于各个第一书记的选派单位支持力度、类型、资源动员能力有别，使其在入村的初始阶段所面临的问题或挑战各异。通过前文各种第一书记的融入策略，可以看出第一书记入村并非都很顺利，他们的各种策略选择一方面说明其工作主动性，另一方面也说明村庄层面对第一书记仍存在潜在的"玻璃门"。第一书记驻村工作不仅改变了村庄不同利益主体的认知，也对原来的乡村治理结构进行了重塑，比如第一书记能够在驻村过程中对村干部的行为进行监督，可实际上很多第一书记要想融入必须知道"村里谁说了算"，所以这种监督机制实际作用有限，但有监督总比没有监督好，毕竟有的第一书记甚至说"其实第一书记什么都不干，你只要到村里就相当于发挥作用了"。

---

① 本书认为尽管第一书记来源于不同的政府部门或企事业单位，但我国的体制决定了这里的企事业单位也基本属于半政府部门或国有企业，这些企事业单位本质仍属于政府序列。

其次，第一书记驻村后因工作职责要求必然会加强基层党建工作，而且也会带来新的治理理念，对村干部的视野扩展、干群关系开展方式方法都能给予较大的提高。

最后，第一书记身处乡土社会，深知作为"局外人"，与村干部、村民拉近关系至关重要。因此，第一书记驻村也相当程度上改变了村庄的社会关系网络，有利于调和干群、干干矛盾①。可以说，第一书记作为乡村治理结构的嵌入部分对乡村基层的治理结构具有积极的重塑意义。

（二）反思资源下乡

我国城乡关系经历了新中国成立后"农业支持工业，农村支持城市"的城市从农村汲取资源阶段，再到 2006 年取消农业税后，我国开始实施"以工促农、以城带乡"的新阶段。从新农村建设、精准扶贫到乡村振兴战略的全面实施，国家开始将各类资源向农村倾斜，但也带来了村庄半行政化（如各地农村的党群服务中心）及农村发展对资源的路径依赖，通过第一书记的资源融入策略可以看出，第一书记有没有可以动员的资源以及有没有给村庄带来发展资金或项目都会影响村民对第一书记的态度认知。因此，很多第一书记在驻村过程中都千方百计地从外部协调各类资源，如社会资源（包括原单位和自己的人际关系）、市场资源（联系电商平台、发动本单位购买农特产品）、发展资金（主要是原单位的支持）等，但第一书记采用此种资源型融入策略所带来的不足也是明显的。首先，资源匹配机制可能无法满足。因为在协调资源的过程中由于参与项目决策的主要是乡村精英（如村干部等），普通村民往往是项目的被动接受者，并不能完全受益于此类资源下乡。其次，在资源下乡过程中，为了保证下乡资源使用过程的安全高效，国家权力以检查、监督、规范、程序的方式随之下乡[23]，这样必然会增加村干部的"痕迹工作"和应付上级检查的"面子工程"，进而增加基层治理的制度

---

① 干干矛盾在这里是指村两委干部之间的矛盾，调研中部分第一书记表示自己所在村两委干部拉帮结派，自己就是起一个"和稀泥""润滑油"的作用。

成本。第一书记所带来的资源若只是为了彰显政绩和融入乡村，则其带来的行政桎梏需要被进一步反思。

（三）乡土型融入与情感性融入对乡村人才振兴具有重要启示

人才振兴是乡村振兴的基础，而以第一书记为代表的精英进入乡村社会需要融入才能了解乡村发展的各类问题，进而才能提出发展建议。尽管城市化、信息化、工业化的发展对传统乡村社会带来了巨大冲击，乡村社会已非完全封闭的社区，但乡村社会的文化及各类公序良俗在乡村治理或者发展过程中仍然发挥着重要作用。各类人才如以社会力量为代表的乡贤、以行政力量为代表的第一书记等精英，要发挥作用仍然需要在乡村社会结构中进行适配性考量，方能发挥人才兴村的作用，建立良好的"人缘"并表现出踏实的态度对其在乡村基层的融入具有重要启示。

（四）行政型融入与村组织再行政化

行政型融入是针对基层村级组织软弱涣散的应对方式。乡村自治组织在经历了自治到行政化或半行政化的过程后，农村各项工作的重心都下移了，尤其是随着乡村振兴战略的深入实施，村级组织承担的事务越来越多，但有能耐、年轻的人才都外出工作，使得村干部老龄化趋势明显，加之各类考核、评估、填表等烦琐事务的增多，文化程度不高的村干部显然无法承担这些工作，于是表现出消极、被动的态度。而第一书记的到来则在强化党建的基础上对原来的行政化或半行政化的村组织进行了再行政化，这将增强基层行政治理的力度，提高基层行政治理的效率。

三、 结论

作为推进精准扶贫、扶低的重要抓手，第一书记是国家在乡村这一场域的重要代表，是国家"在场"的体现。在"入场"阶段，第一书记不仅需要适应新的工作生活环境，而且还面临乡村原有治理结构的天然排斥。要顺利实现驻村工作，各第一书记认识到唯有融入村庄才行。因此，为了突破乡村原有的治理结构，第一书记分别采用了情感型、资源型、乡土型、行政型等融入策略，这些融入方法实现了驻村工作的目标，重塑了基层乡村治理结构，有利于激发乡村治理活力。但不同的融入方法也存在一定负效应，如资源型融入可能带来村庄发展对外部资源的路径依赖，不利于村庄内生动力引导发展，而行政型融入也加剧了基层村庄行政化趋向，这与乡村自治存在一定的治理张力。

第四章 工作：第一书记工作分析

一、第一书记工作时间及内容分析

（一）第一书记驻村时间主要集中在两年以内，在所驻村的融入情况整体较好

第一书记驻村时间的长短直接影响驻村工作实效。根据统计调查，截至 2018 年 8 月，在所调查第一书记的驻村时间中，66.6% 的第一书记的驻村时间"不到 1 年"，驻村时间为"2 年"的比例为 31.4%，"3 年以上"的比例仅为 2.0%（表 4-1）。驻村时间以 2 年以内为主，这与第一书记开始选派时间是 2015 年，而实际调查时间为 2018 年有关，从 3 年以上驻村第一书记的比例看，第一书记多数是按照政策规定驻村，超期驻村的比例不高。

表 4-1 第一书记已驻村时间

驻村时间	频数	百分比（%）
不到 1 年	233	66.6
2 年	110	31.4
3 年以上	7	2.0
合计	350	100.0

第一书记在所驻村的融入情况对其驻村工作的顺利开展具有重要影响。根据问卷统计分析发现，第一书记与所驻村村民"50 户以上"相熟的比例最高，为 67.5%；仅仅认识所驻村村民"10 人以内"的比例最低，仅为 1.1%。说明大多数第一书记与所驻村的村民建立了良好的联系，融入村庄的整体情况较好（表 4-2）。

表4-2 第一书记与所驻村村民的相熟概况

选项	频数	百分比（%）
10人以内	4	1.1
11～20户	21	6.0
21～50户	89	25.4
50户以上	237	67.5
合计	351	100.0

（二）第一书记能结合乡村振兴战略开展工作，并且工作内容重点突出

根据问卷调查，第一书记的驻村工作内容包括多个方面，其中，"党建工作"是第一书记目前工作的最主要内容，占其工作内容的比例达到97.2%，这与第一书记的本职工作高度契合（表4-3）。位居驻村工作内容第二位的是"美丽乡村建设"，所占比例为71.7%，美丽乡村建设是当前乡村振兴战略的重要举措，表明第一书记站位较高。"上级安排的重要工作或突发性工作"作为第一书记位居第三位的工作内容，所占比例达到70.0%，这表明第一书记需结合上级的工作安排，在自主性工作内容方面存在一定限制。"基层治理"和"经济发展"在第一书记工作内容中所占比例相当，分别达到66.8%和66.2%。随着经济社会的快速发展，基层乡村社会结构出现新样态，与此相随的治理结构也发生了变化，进而对农村社会的稳定与发展带来了较大挑战；同时，北京市近年来农村居民收入尽管不断增长，但其增速慢于城市居民，与农民收入密切相关的"经济发展"也成为第一书记关注焦点，因此，第一书记对"基层治理"与"经济发展"的密切关注是对以上问题的积极回应。第一书记工作内容位居第七位的是"推进所驻村村干部作风建设"，所占比例为58.4%，接近六成，这与北京市基层乡村"小官巨腐""小官巨贪"问题紧密相关，表明接近60%的第一书记认为应净化乡村基层的政治生态。第一书记工作内容所占比例为第八和第九的分别是"社会稳定和信访"与"安全生产"，均超过40%，前者与基层乡村社会利益多元化而导致的各类信访问题相契合，后者与乡村社会生产的安全和稳定相契合。总体看，第一书记的工作内容不仅符合其本职工作要求，而且能够结合乡村振兴战略及基层乡村经济社会发展的各类问题来开展。

表4-3 第一书记主要的驻村工作内容情况

单位：%

具体选项	是否选择	
	否	是
基层治理	33.2	66.8
党建工作	2.8	97.2
精神文明建设	41.4	58.6
经济发展	33.8	66.2
安全生产	59.5	40.5
社会保障	67.7	32.3
城乡环卫一体化工作	67.7	32.3
美丽乡村建设	28.3	71.7
社会稳定和信访	51.7	48.3
民政工作	74.4	25.6
推进所驻村村干部作风建设	41.6	58.4
社会救助工作	73.7	26.3
上级安排的重要工作或突发性工作	30.0	70.0

注：问卷中本题为多选题。

（三）第一书记在基层党建、收集民意及争取财政项目等方面工作绩效较高，但促进乡村产业振兴的能力有待提升

在工作绩效评价方面，分别从第一书记对其工作贡献的主观评价及评分两个方面来进行统计分析。

根据表4-4，第一书记对其所驻村贡献的主观评价方面，选择最多的是"加强两委能力建设"，所占比例为86.4%。其次是"收集民意"和"争取财政项目"，前者占比接近60%，选择后者的约占一半，这两个方面分别能够发挥第一书记连接乡村基层与上级政府的桥梁作用及促进乡村产业项目落地作用。除此之外，"帮扶五保户、低收入户"与"让村庄能够组织起来干事情"所占比例相同，均为48.0%，第一书记对这两方面工作的贡献评价并列第四位，表明第一书记对农民获得感、幸福感的重视，并希望促进村庄的集体合作意识。"让村庄文化生活更加丰富"作为第一书记自我评价贡献第六位的工作内容，所占比例也超过40%，这回应了当前乡村文化振兴的迫切性。除其他外，第一书记工作主观评价最低的是"让村庄的农产品卖得更好"，所占比例仅为21.8%。

表4-4　第一书记对所驻村庄贡献的主观评价

单位：%

具体选项	是否选择	
	否	是
收集民意	40.1	59.9
争取财政项目	49.6	50.4
加强两委能力建设	13.6	86.4
调解村民矛盾	62.3	37.7
帮扶五保户、低收入户	52.0	48.0
让村庄能够组织起来干事情	52.0	48.0
让村庄的农产品卖得更好	78.2	21.8
让村庄文化生活更加丰富	58.4	41.6
帮村庄引进投资	65.4	34.6
其他	98.0	2.0

注：问卷中本题为多选题。

根据表4-5，在第一书记对其各类工作内容的评分方面，得分最高的是"让党建更有活力"，平均得分为4.01分；其次为"收集民意"及"加强两委能力建设"，二者的平均得分接近，分别有3.80分与3.79分。前三项均能体现第一书记的工作总要求，也从侧面反映出第一书记工作对于基层党建引领的重要作用。"让村庄能够组织起来干事情"与"让村庄文化生活更加丰富"的工作评价平均得分为3.67分与3.63分，分别反映了第一书记促进乡村治理有效与为民办事两个方面。第一书记对其工作内容评价平均得分最低的是"让村庄的农产品卖得更好"，仅为2.88分，这与前文第一书记对其驻村工作内容贡献主观评价的排序相一致，可见，第一书记在京郊农产品销售方面的贡献或作用有待进一步提高，也反映了第一书记在乡村产业兴旺方面的能力亟待提升。

表4-5　第一书记对自身不同驻村工作贡献的评价

题项	打分					平均分
	1	2	3	4	5	
收集民意	19 (7.57%)	20 (7.97%)	51 (20.32%)	63 (25.10%)	98 (39.04%)	3.80
争取财政项目	47 (18.73%)	29 (11.55%)	54 (21.51%)	50 (19.92%)	71 (28.29%)	3.27
加强两委能力建设	29 (11.55%)	15 (5.98%)	35 (13.94%)	73 (29.08%)	99 (39.44%)	3.79
调解村民矛盾	18 (7.17%)	32 (12.75%)	71 (28.29%)	79 (31.47%)	51 (20.32%)	3.45
帮扶五保户、低收入户	29 (11.55%)	29 (11.55%)	61 (24.30%)	50 (19.92%)	82 (32.67%)	3.51
让村庄能够组织起来干事情	17 (6.77%)	26 (10.36%)	55 (21.91%)	77 (30.68%)	76 (30.28%)	3.67
让村庄的农产品卖得更好	64 (25.50%)	38 (15.14%)	56 (22.31%)	50 (19.92%)	43 (17.13%)	2.88
让村庄文化生活更加丰富	23 (9.16%)	26 (10.36%)	55 (21.91%)	64 (25.50%)	83 (33.07%)	3.63
帮村庄引进投资人	55 (21.91%)	40 (15.94%)	55 (21.91%)	52 (20.72%)	49 (19.52%)	3.00
让产业发展起来	58 (23.11%)	32 (12.75%)	69 (27.49%)	46 (18.33%)	46 (18.33%)	2.96
促进了村庄文化保护和利用	36 (14.34%)	30 (11.95%)	62 (24.7%)	68 (27.09%)	55 (21.91%)	3.30
让党建更有活力	29 (11.55%)	7 (2.79%)	24 (9.56%)	63 (25.10%)	128 (51.00%)	4.01
小计	424 (14.08%)	324 (10.76%)	648 (21.51%)	735 (24.40%)	881 (29.25%)	3.44

（四）第一书记擅长领域与其贡献评价在"产业兴旺"与"乡风文明"方面整体较为匹配，而在"治理有效"与"生活富裕"方面则呈相对匹配

为了从定量角度分析第一书记擅长领域与其贡献评价的匹配度，结合实际问卷调查，我们进行了如下对应分析。其中，"从外面引入资源"

既可促进"产业兴旺"，又可间接促进"生活富裕"，因此"从外面引入资源"的信息在"产业兴旺"与"生活富裕"均视为第一书记擅长领域；而"组织动员老百姓"也可分别对应"乡风文明"与"治理有效"的贡献（表4-6）。

表4-6 基于乡村振兴要求的第一书记贡献与擅长领域对比类别

20字方针	贡献分类	擅长领域
产业兴旺	争取财政项目、让村庄的农产品卖得更好、帮村庄引进投资人、让产业发展起来	农业技术、畜牧技术、农产品营销、从外面引入资源
生态宜居		社区建设和发展
乡风文明	让村庄能够组织起来干事情、让村庄文化生活更加丰富、促进了村庄文化保护和利用	组织动员老百姓
治理有效	收集民意、加强两委能力建设、调解村民矛盾、让党建更有活力	解决纠纷、法律知识、组织动员老百姓
生活富裕	帮扶五保户、低收入户	从外面引入资源

注：本研究所注分类仅为实际调查过程的分类关系，第一书记在实践工作中应全方位体现"20字方针"。

结合表4-6对应关系（除生态宜居外），我们对第一书记的擅长领域与其贡献评价的相关性进行了统计分析。

在"产业兴旺"方面，除"畜牧技术"与第一书记促进村庄产业兴旺方面呈负相关，其他均为正相关；能"从外面引入资源"除对"让村庄的农产品卖得更好"影响不显著外，其他的正向影响均显著。分项来看，第一书记擅长"农产品营销"与"让村庄的农产品卖得更好"有显著的正相关关系，这表明资源对第一书记促进乡村产业振兴的作用较大，而由于近年来北京市为尽可能减少畜牧业污染而逐渐退出了部分畜牧养殖业，且多数第一书记的专业背景并非畜牧技术，因此"畜牧技术"与产业兴旺的关联度不大（表4-7）。综合看来，第一书记在乡村产业振兴的擅长领域与其在产业兴旺方面对应贡献较为匹配。

在"乡风文明"方面，由相关分析结果，第一书记在擅长领域"组织动员老百姓"方面对其他乡风文明的共享相关性均为正相关，尤其是在"让村庄能够组织起来干事情"与"让村庄文化生活更加丰富"这两个方面尤为显著，表明第一书记在乡风文明方面的擅长领域与贡献总体较匹配（表 4 - 8）。

表 4 - 7　第一书记在产业兴旺方面擅长领域与实际贡献相关性

所做贡献	擅长领域			
	农业技术	畜牧技术	农产品营销	从外面引入资源
争取财政项目	0.095	−0.095	0.029	0.163**
让村庄的农产品卖得更好	0.065	−0.089	0.171**	0.067
帮村庄引进投资人	0.060	−0.075	0.107	0.189**
让产业发展起来	0.080	−0.178**	0.100	0.151*

注：Pearson 相关性，显著性为双侧。* 表示在 0.05 水平（双侧）上显著相关。** 表示在 0.01 水平（双侧）上显著相关。

表 4 - 8　第一书记在乡风文明方面擅长领域与实际贡献相关性

所做贡献	擅长领域：组织动员老百姓
让村庄能够组织起来干事情	0.211**
让村庄文化生活更加丰富	0.163**
促进了村庄文化保护和利用	0.115

注：Pearson 相关性，显著性为双侧。* 表示在 0.05 水平（双侧）上显著相关。** 表示在 0.01 水平（双侧）上显著相关。

在"治理有效"方面，由相关性分析结果可知，第一书记所擅长的各个乡村治理有效的领域与其贡献均为正相关关系，但不同擅长领域与其贡献的相关程度的显著性存在差异。第一书记不同擅长领域与其"加强两委能力建设"的相关程度较低，且不显著，存在一定的擅长与贡献不匹配问题；而在党建贡献方面，第一书记仅"组织动员老百姓"与其有相关性且较为显著，其他均不显著；但第一书记擅长"解决纠纷"与"调解村民矛盾"却是正相关且较为显著（表 4 - 9）。由此可以看出，第一书记在"治理有效"方面的擅长领域与其对应的贡献存在相对匹配。

在"生活富裕"方面，由相关性分析结果可知，第一书记所擅长的"从外面引入资源"与"帮扶五保户、低收入户"具有正相关关系，但并不具有显著性（表 4 - 10）。表明在生活富裕方面，第一书记的擅长领域与其贡献的对应方面存在相对匹配。

表 4－9　第一书记在治理有效方面擅长领域与实际贡献相关性

所做贡献	擅长领域		
	解决纠纷	法律知识	组织动员老百姓
收集民意	0.096	0.142*	0.191**
加强两委能力建设	0.070	0.082	0.098
调解村民矛盾	0.322**	0.137*	0.122
让党建更有活力	0.007	0.087	0.147*

注：Pearson 相关性，显著性为双侧。* 表示在 0.05 水平（双侧）上显著相关。** 表示在 0.01 水平（双侧）上显著相关。

表 4－10　第一书记在生活富裕方面擅长领域与实际贡献相关性

所做贡献	擅长领域：从外面引入资源
帮扶五保户、低收入户	0.105

注：Pearson 相关性，显著性为双侧。* 表示在 0.05 水平（双侧）上显著相关。** 表示在 0.01 水平（双侧）上显著相关。

综合来看，第一书记在自身擅长领域与其贡献的对应匹配度中，在"产业兴旺"与"乡风文明"方面整体较为匹配；而在"治理有效"与"生活富裕"方面则呈相对匹配。

（五）第一书记起到了乡村基层与上级政府关于乡村发展的信息桥梁作用，明确了京郊乡村振兴各类问题的优先序

京郊乡村的传统社会结构在市场化、商品化、城镇化发展思潮冲击下逐渐瓦解，亟须通过乡村振兴战略加以重塑，在此过程中，第一书记发挥了自身在收集乡村发展问题、发展信息上的信息桥梁作用，明确了京郊乡村振兴各类问题的优先序。通过对第一书记的问卷调查和统计分析发现，在第一书记所驻村存在问题中所占比例最高的是"产业缺特色"，比例为 71.3%，表明"产业兴旺"仍是京郊乡村振兴的核心议题（表 4－11）。比例次之的问题是"两委班子不得力"，达到 33.9%，村两委不得力必然会使村庄发展战略决策无法达成。第三位的问题是"村民难组织"，所占比例达到

27.5%，村民无法有效组织，则村集体经济的发展和公共事务的有效治理无法达成。第一书记对村庄问题认知在两成左右的主要有"农产品缺乏市场信息""缺乏农业技术支持"及"卫生环境差"，三个问题分别反映了小农户与大市场的对接、农业技术推广及乡村环境综合整治等方面存在的不足。"邻里矛盾多"及"生态环境差"的问题所占比例分别为14.6%和18.6%，前者影响基层社会稳定，后者则不利于美丽乡村建设。

表4-11　第一书记视角所驻村的主要问题

单位：%

具体选项	是否选择	
	否	是
两委班子不得力	66.1	33.9
村民难组织	72.5	27.5
产业缺特色	28.7	71.3
邻里矛盾多	85.4	14.6
生态环境差	81.4	18.6
卫生环境差	80.5	19.5
农产品缺乏市场信息	79.3	20.7
缺乏农业技术支持	80.1	19.9
其他	88.4	11.6

注：问卷中本题为多选题。

二、　第一书记工作认知分析

（一）超九成第一书记对工作的认知是积极主动的，仅有少部分第一书记存在求稳不求进的心理

第一书记对其工作的态度能在一定程度上反映其工作认知高度。通过调查问卷统计分析，超过90%的第一书记的工作态度是"积极主动，争取干一番好成绩"，表明第一书记整体对工作的态度较为积极主动；仅有5.9%的第一书记对其工作态度的认知是"稳妥，不出事就行"，

这也与部分第一书记的能力水平参差不齐有关（表4-12）。正如对组织部门工作人员的访谈中他们提到的，"有的第一书记全职驻村工作的目标没有实现，了解掌握政策不多，缺少干劲和必要的群众工作方法"。最后，除其他外，剩余认知比例均不到1%。因此，可以看出第一书记对驻村工作的态度整体是积极主动的。

表4-12 第一书记对所驻村工作态度的认知

选项	频数	百分比（%）
积极主动，争取干一番好成绩	324	91.8
稳妥，不出事就行	21	5.9
上面安排什么，做什么	2	0.6
做好传达，交给村干部做就可以	1	0.3
其他	5	1.4
合计	353	100.0

进一步考察其工作信心，通过统计分析发现，对于通过自身努力促进驻村工作方面，92.3%的第一书记表现出了强烈的信心，仅有2.0%的第一书记没有足够信心完成驻村工作，选择不清楚的比例也较低，仅有5.7%（表4-13）。

表4-13 第一书记对于通过自身努力促进所驻村工作的信心

选项	频数	百分比（%）
有	325	92.3
没有	7	2.0
不清楚	20	5.7
合计	352	100.0

"第一书记来了以后就应该以村里需求为主，而不是以我能干什么为主，领导说不行就该调人调人，单位该支持支持，不要强调我能干什么。"

——I区第一书记Z167

上述访谈也表明第一书记工作主动性的重要性，即第一书记在驻村过程中不应过多抱怨，要利用已有条件进行创新性工作。综上可见，被调查第一书记不仅对工作的态度认知整体较高，而且也有较强的信心来促进驻村工作，既想干一番事业，也有信心干好。

（二）近六成第一书记具有较强工作自主性，但也有超四成第一书记的工作仍需按上级政府安排行事，自主性略显不足

第一书记作为乡村重要的治理主体，尽管其积极性较高，也有信心完成好工作，但其工作自主性能否得到最大程度掌控也是影响其工作效果的重要因素。

经问卷统计整理发现，42.5％的第一书记的工作是由"上级部门安排"，还有接近三成的第一书记的工作是"根据村民提出的需求来安排"，有28.2％的第一书记的工作是"自己发现的问题主动去解决"（表4-14）。而无论是"根据村民提出的需求来安排"还是"自己发现的问题主动去解决"，本质仍属第一书记主动而为的工作性质，即接近六成的第一书记日常工作的自主性是较高的。

表4-14　第一书记工作的自主性

选项	频数	百分比（％）
上级部门安排	148	42.5
根据村民提出的需求来安排	102	29.3
自己发现的问题主动去解决	98	28.2
合计	348	100.0

（三）晋升对第一书记有一定激励，但超六成第一书记能客观认识晋升与驻村工作的关系

对于驻村工作对第一书记工作晋升的影响，经数据统计发现，有40.9％的第一书记认为参加第一书记工作对自己的晋升有影响，仅有13.6％的认为没影响（表4-15）。此外，表示"不清楚"是否有影响的比例为45.5％。第一书记工作是促进基层党组织作用发挥的重要举措，尽管"晋升"这一动因有一定的功利性，但也可成为第一书记工作积极性的重要激励。

表 4 - 15　驻村工作对第一书记晋升的影响

选项	频数	百分比（%）
有	144	40.9
没有	48	13.6
不清楚	160	45.5
合计	352	100.0

　　通过对第一书记继续驻村意愿与其驻村晋升的关联性进行分析可以发现，无论驻村工作是否对第一书记未来的晋升有影响，他们希望继续驻村的意愿都高于不愿意继续驻村工作和没想好是否要继续驻村工作两种情况（表 4 - 16）。可见，大部分第一书记都能客观认识驻村工作与自己晋升的关系。

表 4 - 16　第一书记继续驻村意愿与驻村晋升的关联性

单位：%

问题	选项	如果可以选择，您是否愿意继续驻村工作？		
		是	否	没想好
您认为驻村对您晋升有没有好的影响？	有	58.7	11.9	29.4
	没有	58.3	16.7	25.0
	不清楚	44.4	13.8	41.9

三、　第一书记工作支持及需求分析

　　第一书记驻村工作的顺利开展离不开各项资源的支持，主要包括物质支持、精神支持、基层组织支持以及所在单位支持。除此之外，具体工作中第一书记也存在各种培训及政策期望需求。

（一）多数驻村第一书记都能得到村两委及村民的工作支持

　　我国的乡村自治组织随着经济社会的快速发展和政府治理转型已转型为半行政化的治理组织，而第一书记作为上级政府遴选下派的驻村干部是代表政府参与乡村工作，具有"行政下乡"优势，从工作关系看，是自治组织的半行政化与政府的行政化对接，因此第一书记能否得到村两委及村民的工作支持是其工作能否取得成效的关键。我们选择第一书记进行关于某个村级经济发展项目能否得到村两委及村民支持的调查，统计分析结果表明，超过八成的第一书记所驻村的村两委及村民对其工作比较支持；有2.5％的第一书记无法有效获得村两委及村民的支持；对于13.9％选择"不清楚"村两委及村民是否能支持第一书记工作的情况，原因与第一书记派驻时间较短有关（表4-17）。可见，多数第一书记能得到村两委及村民对其工作的支持。

表4-17　村两委班子及村民就某个经济发展项目对于第一书记的支持情况

选项	频数	百分比（％）
能	295	83.6
不能	9	2.5
不清楚	49	13.9
合计	353	100.0

（二）第一书记工作的物质支持需在正式补助基础上给予一定弹性空间

对于第一书记而言，首要支持是物质方面。根据访谈，在我们调查期间，北京市每月为第一书记发放的生活补助为近郊2 200元/月、远郊2 520元/月，但部分第一书记由于需不时往返家庭与工作单位，因此，这些生活补助无法满足其生活和交通支出。我们对第一书记的交通费和餐费总体进行了调查，结果发现第一书记这两项费用支出，全市统一给予补贴的占比接近60％，区里配套补助的比例接近30％，此外，还需要自费一部分交通和餐费的比例达到22.7％，总体来看，市、区、个体的物质支持比例为6：3：2（表4-18）。在调查中，一位第一书记表示："工作经费保障不充分，除市级配备的2万元第一书记工作经费外，一些区和乡镇没有匹配更多的资金，让第一书记"化缘"的多，主动对接经费需求的少。"因此，当前对第一书记的工作支持还需提供一定的弹性空间。

表 4-18 第一书记下村工作的交通费和餐费的补贴方式

单位：%

具体选项	是否选择	
	否	是
全市统一补贴	40.2	59.8
区里配套补助	70.9	29.1
自费	77.3	22.7
其他	97.6	2.4

注：问卷中本题为多选题。

（三）超七成第一书记能从其所在单位得到较大力度的支持，且多数第一书记所在单位给予的支持偏重资源导入而少于内生发展；第一书记成长激励政策有待明确

除村基层组织支持及物质支持外，第一书记所在单位的支持同样重要，是第一书记工作的重要"后勤保障"。根据对第一书记的问卷调查分析发现，第一书记所在单位对其工作支持力度"很大"的比例为48.2%，支持"比较大"的比例为26.7%，两者合并比例为74.9%（表4-19）。支持力度为"一般""比较小"及"很小"的比例合计为25.1%。以上数据表明，四分之三的第一书记能得到所在单位较大程度支持，还有四分之一的第一书记无法有效获得原单位的支持，这必然会对其工作士气和工作效果带来负面影响，因此应进一步规范第一书记所在单位的支持标准，防止单位支持"表里不一"。

表 4-19 第一书记所在单位对其工作的支持力度

选项	频数	百分比（%）
很大	121	48.2
比较大	67	26.7
一般	37	14.7
比较小	11	4.4
很小	15	6.0
合计	251	100.0

在支持内容方面，第一书记所在单位提供资金支持的比例最高，为65.3%，这为第一书记在村庄工作提供了一定的资金保障；支持内容比例居第二的是"提供技术及咨询服务支持"，也超过了60%；"提供人才支持"及"提供销售渠道支持"的比例分别处于第三和第四的位置，比例分别达到41.0%、22.3%，前者能有效缓解乡村振兴的人才短缺问题，后者有利于特色农产品销售（表4-20）。整体来看，第一书记所在单位为其提供的支持内容是多元的，但未来应进一步了解第一书记所驻村的发展实际，改变单一资源输入的支持方式，强化"授人以渔"的支持方式。

表4-20　第一书记所在单位的支持内容

单位：%

具体选项	是否选择	
	否	是
提供资金支持	34.7	65.3
提供销售渠道支持	77.7	22.3
提供人才支持	59.0	41.0
提供技术及咨询服务支持	38.2	61.8
其他	81.3	18.7

注：问卷中本题为多选题。

与此同时，对部分第一书记的访谈也发现了一些问题。有的第一书记反应，"工作干了很多，原单位也没什么说法，感觉没盼头"。有的区委组织部的科组长反应，"激励作用不明显，再选派干部到村的压力大，很难保质保量地完成"。因此，未来应建立明确的第一书记成长激励政策。

（四）第一书记工作培训需求表现出多元趋向，除党建的本职工作要求外，其他培训需求主要集中在乡村产业振兴方面的知识和能力上

为进一步提高第一书记服务基层的能力，我们对其需要的相关技能培训进行了调查，通过问卷整理分析，从综合得分看，"党建"是第一书记所需培训的第一需求，其综合得分为4.79分，基层党建是第一书记的首要任务，这一培训需求被列为第一书记的首要选择，表明其对工作履职的高度负责态度（图4-1）。"乡村旅游"的培训需求的综合得分为3.53分，位列第二，这与京郊农业结构转型及农民增收较为匹配，显示第一书记重视所驻村的产业兴旺与农民生活富裕，有利于改进低收入村的落后面貌并促进农民增收。第一书记培训需求综合得分位列第三位的是"沟通技巧"，表明第一书记对于新工作环境的适应需求，应加强对其农村工作方法的培训。"电商知识"培训的综合得分也达到了2.33分，说明第一书记具有"互联网＋农业"的市场化思维，在一定程度上有利于京郊农业信息化水平的提高，并能促进农产品附加值的提升。对于"种植技术"和"养殖技术"培训的需求综合得分整体较低，这既与第一书记的知识背景相关，也是为适应京郊农业功能转变和减量化发展战略的客观实际。

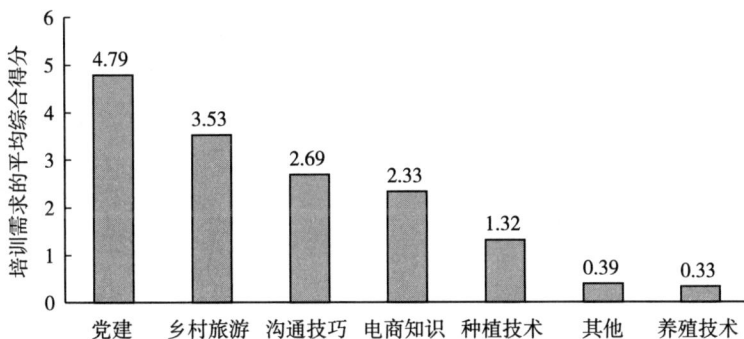

图4-1　第一书记培训需求

［注：平均综合得分＝（$\sum$ 频数×权值）/本题填写人次；权值由选项被排列的位置决定。例如有3个选项参与排序，那排在第一个位置的权值为3，第二个位置权值为2，第三个位置权值为1。］

从第一书记三大培训需求排序看，与前文培训需求综合得分略有不同。排第一位的培训需求所占比例最高的是"党建"，但排在第二和第三位的培训需求所占比重最大的分别是"沟通技巧"及"乡村旅游"（表4-21），这主要与权重选择相关，但对于第一书记而言，前三位的培训需求内容是一致的。

表4-21　第一书记为更好地服务村庄所需培训三次排序情况

选项	排第一位		排第二位		排第三位	
	频数	占比（%）	频数	占比（%）	频数	占比（%）
种植技术	25	10.0	12	5.4	17	11.2
养殖技术	2	0.8	10	4.5	2	1.3
电商知识	42	16.7	25	11.2	28	18.4
党建	123	49.0	41	18.3	19	12.5
沟通技巧	11	4.4	84	37.5	19	12.5
乡村旅游	43	17.1	49	21.9	58	38.2
其他	5	2.0	3	1.3	9	5.9

（五）工作技能提升、工作角色与职责的匹配及上级部门的支持等是第一书记工作绩效改善期望的重要表现

除培训需求外，为了提高第一书记工作绩效，也需了解其对相关政策的改善期望。通过调查分析显示，"给第一书记建立一个多学科的团队支持的平台"是第一书记对于工作绩效提高的首要改善期望，综合得分达到4.54分，表明第一书记对工作技能提升的迫切需求（表4-22）。综合得分排第二位的是"明确驻村干部权限"，综合得分也达到4.20分，这一政策需求集中表现在第一书记的工作角色与其职责匹配上，第一书记在乡村治理结构中的角色定位不清、权限不明，必然会降低其与相关治理主体的协作效能。"领导帮助解决所驻村的难题"的综合得分为3.78分，表明第一书记在工作中仍需得到更多上级政府的支持。"提高驻村干部待遇"的综合得分位列第四，可见政府部门应进一步考虑驻村工作的实际，除生活补助外，适当为第一书记部分工作便利化报销事项作出安排。此外，"可以适当自由选择所驻的村""减轻责任追究"及"减少上级部门安排的内容"等第一书记希望政策改善的方向虽评分较低，但仍需重视，从制度层面降低第一书记干事的成本，通过建立适当的容错机制为其创新工作"保驾护航"。

表 4-22　第一书记工作绩效提高的改善期望综合评价

选项	平均综合得分
给第一书记建立一个多学科的团队支持的平台	4.54
明确驻村干部权限	4.20
领导帮助解决所驻村的难题	3.78
提高驻村干部待遇	3.32
可以适当自由选择所驻的村	1.14
减轻责任追究	0.91
减少上级部门安排的内容	0.80
其他	0.31

　　注：选项平均综合得分＝（$\sum$ 频数×权值）/本题填写人次；权值由选项被排列的位置决定。例如有 3 个选项参与排序，那排在第一个位置的权值为 3，第二个位置权值为 2，第三个位置权值为 1。

　　通过对第一书记不同工作绩效改善期望的排序结果看，其排在第一位中比例最高的是"提高驻村干部待遇"，排在第二位中比例较高者是"明确驻村干部权限"，排第三位中所占比例最高的是"给第一书记建立一个多学科的团队支持的平台"，这与各个次序权重不同相关，但总体与前文分析大体一致（表 4-23）。

表 4-23　第一书记驻村工作绩效的改善期望顺序

具体题项	排第一位		排第二位		排第三位	
	频数	占比（%）	频数	占比（%）	频数	占比（%）
提高驻村干部待遇	84	33.5	11	4.6	14	7.7
可以适当自由选择所驻的村	18	7.2	15	6.3	6	3.3
减少上级部门安排的内容	9	3.6	14	5.9	5	2.7
减轻责任追究	15	6.0	12	5.0	4	2.2
领导帮助解决所驻村的难题	53	21.1	56	23.5	22	12.1
明确驻村干部权限	37	14.7	80	33.6	33	18.1
给第一书记建立一个多学科的团队支持的平台	34	13.5	46	19.3	91	50.0
其他	1	0.4	4	1.7	7	3.8
合计	251	100.0	238	100.0	182	100.0

第一书记对于建立支持平台、支持网络的期望综合评价最高，这也得到了定性访谈的验证。

"第一书记还都是在单打独斗，组团发展的还是少，出去交流之后没有几个有后续的工作对接，因为很多东西是不可复制的。"

——D区第一书记 P098

第一书记作为国家在基层治理的延伸，尚不属于一项正式制度安排，而属于事务性制度安排，是国家"在场"治理的体现，在完成阶段性国家任务后便会"离场"，因此，他们无法获得科层制所提供的各类行政支持。为了做出自身贡献，自发性建立互助组织便成为众多第一书记的主动选择。

四、 第一书记工作考核激励机制分析

我国的行政体制内含了对不同公共事务、从事公共事务的个体或组织进行的激励考核机制，而考核又包括考核内容、考核形式、考核标准、考核激励等内容，其中的激励则包括物质激励、晋升激励、精神激励等内容。通过考核促进社会公共事务的顺利完成，通过激励调动相关行动主体的积极性，进而完成各类公共事务。

（一）考核体制亟须完善

1. 考核内容模糊，主观性评价多

根据调查，北京市目前对第一书记的考核内容较为模糊，我们根据政策整理了北京市对驻村第一书记的各类考核事项表（表4-24），从其考核内容看，日常考核内容为"完成工作任务情况和在岗情况"，在岗情况较为直观，也较能量化，但完成工作任务情况较为模糊。在年度考核方面，无论是区派第一书记，还是市派第一书记，均是以书面报告的形式完成考核，这样的考核政策规定从公共政策角度能给基层各区及乡镇更多具体政策主导权，具有积极意义，但由于各区及街镇对第一书记没有明确的考核内容要求也可能带来"干好干差一个样"的结果。

表 4-24 北京市对第一书记的各类考核事项

考核类型	选派级别	考核主体	考核内容	考核方式
日常考核	全部	乡镇党委负责	完成工作任务情况和在岗情况	
年度考核	区县选派第一书记	由区县委组织部负责，乡镇党委进行，选派单位配合	履行岗位职责、完成年度工作目标任务和廉洁履职等情况	乡镇党委通过听取个人述职、党员民主测评、与党员干部座谈、听取村两委班子成员意见等方式，全面了解第一书记履职情况，提出考核等次建议
	市派第一书记	由派出单位组织人事部门会同区县委组织部共同进行	任期内考核主要了解第一书记任职期间的德、能、勤、绩、廉等情况。任期届满，第一书记应对任职期间的思想、工作和学习情况进行总结，写出书面材料，分别报乡镇党委、区县委组织部和派出单位	派出单位组织人事部门和区县委组织部通过听取个人述职、党员民主测评、与党员干部座谈、听取村两委班子成员意见等方式，全面了解第一书记履职情况，确定考核等次

"对第一书记工作的评价，建议细化到一些表格，可操作性强一点的，而不是说纯文字性的。如果有一个细化的第一书记工作台账评价体系可能更公平，就是你干了这个事你就能得到这个分数，类似这种的。现在完全就是听你说，你说什么样就是什么样，对一些不太善言谈但确实干过很多对村里发展有贡献工作的第一书记就不太公平。"

——H 区第一书记 L008

"每个月都会上报一个考核表，我们区是每个季度上报一次，除了考核表之外，每个季度还有一个主观评价，比如村里对你的评价、镇里对你的评价，目前的评价都是主观评价，从村、镇到区都是。"

——A 区第一书记 L001

由上述访谈也可以看出，目前对第一书记的考核整体较为主观。近年来随着精细治理理念的提出，作为精细治理技术的一个方面——数目字管理，由于需要获得精准数据[24]、数据生产链条加长会导致不精准的结果而颇被学界诟病，但同时，从评价的可比量化性角度看，数目字管理又存在一定的合理性。因为单纯依靠定性评价往往可能无法完全反应第一书记的所有工作成绩，尤其是一些第一书记的年度自评报告所述的成绩或许本来就是村庄已经在做的事，定性的自评报告存在夸大成分；主观评价的其他不足则表现在第一书记可能与村干部存在"共谋"的可能性。从治理能力现代化视角，对第一书记工作进行数目字管理反映出对第一书记工作的考核更加细化或明晰，让实际干事的第一书记得到认可，也避免了一些第一书记"会做不会说"而另一些第一书记"会说不愿做"的不公平性。

2. 考核对象单一，不利于综合考核

行政考核的另一方面是考核对象。对于考核主体，根据表 4-24，第一书记在日常或者平时工作中的考核主体是乡镇党委。而年度考核，对于区县选派和市派第一书记的考核主体存在不同，但考核对象均为第一书记。

> "区是指导，乡镇是领导，村是帮助和支持。这几个主体都是怎么帮助、领导、指导的，都需要细化考核。对区、乡、村的考核必须得加强。"
>
> ——B 区第一书记 SZ356

> "要建立完善的考核评价体系机制，不光是针对第一书记，也要看对乡镇、区、派出单位等有没有考核评价体制机制，还包括村，村两委如果不配合也不行。"
>
> ——A 区第一书记 L001

由上述访谈可以看出，第一书记工作目前的考核缺乏对选派单位、区、乡镇及村的考核。作为第一书记"娘家人"，选派单位的支持意愿是关键，支持意愿甚至优先于派出单位的能力和资源，作为下派干部，第一书记的个人能力、社会资本等资源有别，因此，选派单位的支持就尤为重要，不仅仅是给第一书记提供资金，更重要的是问计于第一书记，了解村庄发展实际给予支持。而区、乡对第一书记的领导、村对第一书记的配合及协调如果不能明确考核指标，则无法明确区、乡及村的相关领导配合职责，正如一位第一书记所言"板子不能只打在一个人身上"。第一书记工作是一项系统工程，涉及不同的主体，实践中第一书记在解决乡村发展的各类问题过程中，必然需要其他主体的协助和支持，但如果没有对其他主体的职责约束和规定，则第一书记必然会面临"单兵作战"的境遇。

3. 考核标准面临悖论困境

实际工作中，如果对第一书记进行数目字考核，则不同区、不同乡镇、不同第一书记所面临的考核事项不能"一刀切"，但不"一刀切"又无法比较。

> "每年年终市委农工委也会让第一书记填报，比如第一书记引入了多少投资，多少户结对帮，村里和多少家单位结成了对子。"
>
> ——A区第一书记L001

由上述访谈可以看出，对第一书记采取"一刀切"的做法尽管做到了可比性，但由于不同第一书记能力、资源、选派单位来源等不同，其能为村庄所引入的资源、结的对子则会存在显著差异，这样可能会导致真正做事的第一书记在数目字评优过程中处于劣势，而资源动员能力强、个人社会资本丰富、单位支持力度大的第一书记尽管实际做事不多，但因可比较的量化指标成绩显著而能在评优中"占得先机"。因此，基层常常采用给第一书记在"德、能、勤、绩、廉"等几个方面打分的方式对第一书记工作进行评价，此种方式固然有可量化、可比较、形式简便的优点，但同时也存在主观性倾向。从数目字角度能够实现不同第一书记工作的可比性，但此种可比性又是建立在主观评价的基础上，因此，应从类型化的视角进行评价指标体系构建，并明确不同类型事项的权重，进而综合评价第一书记的工作，克服评价悖论。

（二）激励机制不健全

1. 评优指标不明确

评优争先作为行政治理工作中激励组织成员努力奋进的方法而被广泛使用，且必然要在评比中设置阶梯排序才有意义，因此各类行政部门的评优指标便成为激励员工的重要举措。

> "如果原单位年度优秀指标给第一书记了，那单位就会有人反映说，你都不在这个工作岗位了，你的工作由别的同事来承担了，你还要占本单位的优秀指标，这是很不合理的。"
>
> ——H 区第一书记 XH434

> "其实机关干部的第一书记可以给优秀指标的 30%，如果是企业或者事业单位，这个优秀指标还可以宽松一些，各区选派的第一书记，当时要求的是参照事业单位，是不占本单位指标的。"
>
> ——组织部干部 L001

由上述访谈可以看出，针对驻村第一书记的评优指标因占用原单位干事同事指标而遭遇尴尬，尽管有文件规定第一书记评优指标不占用原单位指标，但实际执行起来仍有难度，这给第一书记工作也造成一些困扰。

2. 晋升激励不确定，存在岗位被顶替风险

工作晋升对于公务人员而言是职业生涯的重要目标，第一书记作为下派干部在中国行政体制中属于"挂职锻炼"，但在选派挂职干部的过程中也存在不同问题。一些单位为了减少本单位人才的损失对挂职锻炼采取了"应差"的办法，将那些工作能力一般、可有可无的人员派下去应付工作。更有甚者，个别派出单位的领导在选定挂职人选的时候把挂职锻炼变为排除异己、以权谋私、打击报复的手段[25]。与此同时也存在通过找关系、走后门、说情的方式来争取机会的情况，在锻炼结束后，又采用同样的手段，以已经锻炼了一身的能力为借口来谋取较好的

职位[26]。应该说此两种情形分别对应的是选派单位和选派干部对挂职工作的不良思想倾向，但对于一些真正在基层干实事、有成效、群众满意度高的挂职干部，职务晋升则无疑是重要的激励手段，第一书记作为挂职锻炼干部也理应得到此类激励。

> "每年考核优秀的第一书记不一定能得到提拔任用，在第一书记平台上是优秀，但每个单位情况不一样，你优秀但你单位没有指标，有些第一书记虽然表现一般，但单位有指标就可以提拔了。"
>
> ——I区第一书记Z167

> "第一批没有提拔的，回去以后原岗位没有了，我们第二批也有这个问题，工作还得照常干，但心里有一种不安全感，比如有一个第一书记以前是大学的团支部书记副处级实职，现在已经有人把他的位置填补了，并且领导换了几拨，以前的领导说会提拔，现在领导换了，也不认识了，他私下担心回去怎么办。"
>
> ——A区第一书记W002

> "回到原单位职务能不能变动，第一书记工作估计只是一个加分项、一个影响因素。"
>
> ——I区第一书记L106

由上述访谈可以看出：第一，第一书记选派单位分为市派和区派两类，而市派第一书记的晋升往往是从市级单位的角度考虑，而区派第一书记的晋升往往在区级层面考虑，灵活性更大，这就使得两类选派单位第一书记对晋升认知存在偏差。第二，第一书记选派单位如果重视第一书记工作，则其工作晋升的概率就较高，但实际不同单位对第一书记的理解并不一致，有的甚至认为就是"走过场"，因此，必然会造成对第一书记工作的不重视，晋升概率便较低。第三，部分第一书记挂职结束后其岗位存在被顶替的风险，而此类问题显然不利于提升第一书记的工作积极性。第四，一些第一书记结束任期返回原单位后，存在因原领导岗位调整而无法实现选派时晋升承诺的可能，这无疑也给第一书记工作带来一定的后顾之忧。第五，一些第一书记任期结束后回到原单位职务并不能得到晋升，挂职经历仅作为加分项，这样的激励效果也存在不足。

总之，第一书记在基层的挂职锻炼后晋升是部分第一书记积极工作的重要动力，如果返回原单位后存在无法升迁，或存在以上令其存在后顾之忧的问题，则第一书记不会"全身心"投入驻村工作，"干好干坏一个样"的旁侧效应也会影响工作成效显著、民众较为满意的第一书记干事的积极性。

3. 工作经费保障机制不健全

第一书记作为下乡干部，多数离开了原来的生活圈，脱离了家庭，因此其无法很好照顾家庭，而且农村的工作生活环境较差，所以如果不能给予其较好的工作保障，也无法有效激励第一书记全身心工作。

> "我自己在驻村后不到半年的时间里把两年的经费已经花完了，后期肯定都是自己掏钱了，但该掏就掏，如果是工作需要，如果你把这个事情当作事业来做，就得掏钱，当然了，个人可以这么去想，但组织不能这么去做，所以还是得建立激励成长机制及经费保障机制。"
>
> ——A 区第一书记 L001

> "有的第一书记经费就刚刚够，还有的第一书记到处跑，找资源，对接市场，钱还不够，还要自己垫。"
>
> ——D 区第一书记 W180

> "因为毕竟在村里，谁家有个红白喜事，自己掏钱的事多了。"
>
> ——H 区第一书记 GX003

> "村里一些喜事还好点，那老党员去世，我就必须去，这都要自己出钱的。"
>
> ——F 区第一书记 WY004

由上述访谈可看出，政策层面对第一书记的保障机制还不健全，现行的工作经费规定尚未完全覆盖第一书记工作生活需求，而且由于在乡村治理结构中的嵌入型角色，乡土社会的人情往来对第一书记也在所难免，因此对于此类灵活性支出，可能还存在支持政策不够细化的问题。最后，部分第一书记驻村工作环境不佳，生活问题如吃饭等也未能很好地解决，而更不好的情形是当村庄对第一书记不重视时的排斥态度。因此，保障措施不足显然无法有效激励第一书记工作。

五、 结论

第一书记驻村期间所开展的工作基本都围绕"强党建、促发展、惠民生"这三大主题展开，工作年限以标准年限——两年为主。

在实际工作中，第一书记能够结合乡村振兴战略开展工作，并且重点突出；第一书记擅长领域与其贡献评价在"产业兴旺"与"乡风文明"方面整体较为匹配，而在"治理有效"与"生活富裕"方面则呈相对匹配。在工作中起到了连接上下的作用，明确了北京乡村振兴各类问题的优先序。

超九成第一书记对工作的认知是积极主动的，近六成第一书记具有较强工作自主性，但也有超四成第一书记的工作仍需按上级政府安排行事，自主性略显不足，这反映出多数第一书记能够积极主动地发挥自身作用。尽管驻村后晋升对第一书记有一定激励，但超六成第一书记能客观认识晋升与驻村工作的关系。

多数驻村第一书记都能得到村两委及村民的工作支持，但工作中，在物质支持方面还需在正式补助基础上给予一定弹性补助空间；原单位对第一书记的支持主要侧重于资源导入而轻于内生发展；第一书记自身的成长激励机制有待明确；第一书记在培训方面希望更加匹配需求，促进工作绩效提高着重表现在建立多学科的团队支持平台。尽管已经建立了第一书记工作考核激励机制，但仍需完善考核体制、健全激励机制。

第五章　互动：第一书记与乡村治理主体的互动分析

互动是构成社会的基础，社会结构最终是由个人的行为和互动所构成和保持的，互动论认为，行动者能够在各种情境中进行界定、分类、让自身与周围的事物相互调适[27]。第一书记在驻村过程中不仅面临身份的转变，也面临与不同利益主体的互动，在互动过程中不断改变、适应、调和各种利益关系，进而不断形塑乡村治理结构。

一、基层政府与第一书记的互动

（一）领导与被领导的工作机制呈松散状态

按照北京市组织部文件，第一书记驻村期间党组织关系转到村党支部，由乡镇党委领导。因此，在第一书记派驻期间，乡镇对其应有领导关系。但在实践中，乡镇政府对第一书记的领导工作机制并未建立，第一书记在需乡镇协调工作时无法得到有效协助。

> "名义上第一书记是在乡镇领导下工作的，但会都不让你参加，你说是怎么领导、怎么帮助的。"
>
> ——A 区第一书记 L001

> "工作不一定能得到上级的支持，跟镇里打交道不是那么容易。"
>
> ——C 区第一书记 SHX

> "工作上不太得心应手，会产生一些冲突，有一个关键的问题就是镇里是不是有担当，镇里是不是按上面的要求做了，

这个很关键。"

——H区第一书记M459

"涉及一些考核、一些资源的对接、一些经费的支持，包括去别的区调研，以前还有一些项目的申报，现在也没有了，后期没有服务保障那怎么推进工作。"

A区第一书记FW256

由上述访谈表明，部分乡镇对第一书记的领导工作机制还不健全。乡镇例会作为基层政府一个重要的议事场域，是基层行政执行的重要载体，第一书记尽管属于类村干部序列，但其实际工作中需乡镇协调各类农村事务，不能参加例会也就无法通过正式渠道提出基层治理诉求。部分第一书记对乡镇政府给予工作协助及自上而下的资源分配是否合理存在质疑。此外，区、乡、村对第一书记工作的支持没有具体的考核标准，还有上级政府对第一书记工作的支持由"热"转"冷"等都跟乡镇政府与第一书记间的协调工作机制不完善有关。

事实上，第一书记是希望参加乡镇政府例会的，他们也能认识到与乡镇政府各个科室的沟通与互动的重要性。

"上一任第一书记还有每月的第一书记例会。新书记上任后还没开。我觉得例会特别好，应该坚持。"

——H区第一书记L008

"和乡镇科室的沟通也非常关键，是第一书记很好的工作机制。"

——E区第一书记NS765

（二）基层政府对第一书记工作的重视程度不够

第一书记作为驻村干部，在基层工作中遇到的问题也是五花八门，上级政府（区乡两级）对其的支持不仅应包括物质方面，更应在精神层面对其进行鼓励与支持，但一些乡镇政府由于对第一书记工作的认识存在偏差，导致其对第一书记工作不够重视。

"要看镇里有没有把第一书记当作一个资源来用，还是可有可无的一个角色，如果没把第一书记当作一个资源，他就不会重视。"

——I区第一书记Z167

"既然乡镇党委直接领导第一书记，那么一些会议是不是需要第一书记参加，一些文件是不是需要传阅？我们镇的五个第一书记今年就参加过镇里的两次会议，还是在3月份之前，之后就一次都没有参加。"

——A区第一书记L001

基层政府对第一书记工作的重视程度不够可能受制于以下因素：一是上级下派的第一书记在行政级别上高于乡镇政府，乡镇政府有"心理上的上下级关系"；二是乡镇政府相关工作人员认为第一书记派驻工作时间短，"镀金"的成分更大，对第一书记的实际工作绩效并不看好；三是乡镇政府自身在"上面千条线，下面一根针"的压力型体制下无暇顾及第一书记的工作诉求。但正如上文第一书记所述，乡镇政府不能与第一书记很好互动就无法建立乡村治理共商机制，也会让第一书记这一外部"资源"无法发挥最大作用。

二、 村干部与第一书记的互动

（一）村干部对第一书记工作不重视

第一书记与村两委关系的一个反映，就是当外来治理主体进入原来的治理结构后，其面临的不仅是各个治理主体的差异性，还有整个治理结构的压力。

"之前一个女第一书记都怀孕了，大冬天村里却给安排了一个正对大门的桌子办公，你能说村里是重视的？你都保障不了她的权益，她会给你好好工作？"

——A区第一书记L001

　　"实际上村里有时候也觉得你给他们添麻烦，还得给你找地方住，你还要吃饭，你还有乱七八糟的事。"

——H 区第一书记 L008

　　"我到村里后村两委开会都不通知我，村里决策的事情我也不知道。"

——I 区第一书记 C212

　　"村里的干部不会看你是哪里来的。"

——H 区第一书记 L008

　　村干部对第一书记工作的支持程度对第一书记工作的开展具有重要影响。第一书记的职责是"第一书记在乡镇党委领导下，紧紧依靠村党组织，发挥引导、帮扶、示范、联络作用，带领村两委班子成员开展工作。第一书记要正确处理与村两委班子成员的关系，相互配合、相互支持，共同促进工作开展。①"可以看出，第一书记与村两委的关系是依靠与被依靠的关系，而其中的"带领"并非行政领导，也就是说第一书记驻村工作是否得到村干部的重视并没有任何行政约束，更像一种"软嵌入"。但与此同时，若第一书记能给村里带来资源、资金则会得到村干部的支持，甚至依赖。如果这种依赖关系长期得不到扭转，在农村会形成一种"大事找第一书记，小事找村支部书记"的局面[28]。而且更为重要的是第一书记与村干部不存在行政领导关系，即第一书记并不会与村干部产生行政晋升、提拔等利益关系。

（二）角色认知偏差与反行政吸纳

　　第一书记对自身角色定位模糊，而村两委也对第一书记的角色存在认知偏差。

　　"我感觉村两委对第一书记的工作还有认识不足的问题，有些书记认为第一书记是抢权夺位，他就不配合，因为你不能

---

① 摘自《北京市组织部、农委关于做好选派机关优秀干部到村担任第一书记的意见》。

管他，你的职责定位不准，而且他对你也不了解。"

——A 区第一书记 L001

"跟两位村干部刚开始缺乏归属感，一开始他们就觉得你是上面派下来的，说我们什么制度都有，没有漏点，他们觉得反正你就是来'镀金'嘛。"

——A 区第一书记 F980

由上述访谈可以看出，村两委对第一书记的角色认知就是下派基层挂职锻炼的行政人员。第一书记的到来对村干部在村庄的权力格局带来一定冲击，尤其是基层党建、各项规章制度的完善建立等都是由第一书记参与直接建设的，这无疑会让村干部感受到权力被"摊薄"的威胁。而作为村级自治组织，他们对第一书记所代表的行政力量有警惕，有的甚至有反抗，表现出反行政吸纳。

（三）嵌入基层治理的结构困境

第一书记作为外部治理源参与乡村治理的过程就是行政嵌入基层半自治半行政治理格局的过程。第一书记要想很好地融入村庄，首先得了解村庄现有的治理结构，就像一个外人第一次来到一片陌生的森林一样，其必须知道村庄治理格局中的"当家人"、重要利益攸关方及他们之间的博弈关系，同时要争取到"实际当家人"的支持。

"如果两委班子不配合你，你什么都做不好。"

——B 区第一书记 CX122

"我到村里大概六个月时间，村里跟机关确实不一样，但我就认准人，把关系处理好，重点是帮忙不添乱，别触动关系紧张的地方。"

——B 区第一书记 TZ133

"很多时候都是第一书记自己克服困难，没人会提村里给安排的办公环境差等问题，因为提了就会影响各方面关系的处理。"

——A 区第一书记 L001

上述访谈反映出了第一书记的嵌入策略，在基层治理结构网中，有话语权的乡村精英对第一书记的工作支持至关重要。第一书记为了做好工作也都尽量维护好与有话语权的乡村精英之间的关系。即使工作中有困难，第一书记也尽量避免向村干部寻求支持，表面上看第一书记通过维护与村两委的关系嵌入了村级治理格局，但实际是一种"委屈求全"的不得已策略，甚至有被访谈的第一书记表示，"我们经常和村书记之间，甚至和镇里之间是敌退我进、敌进我退，有斗争、有合作、有妥协，关键就是这个度的把握，要不就翻车了"。这进一步反映了第一书记与村干部之间表面和气的背后可能隐藏着深刻的分歧，进而第一书记的监督作用、公平客观视角也会受到一定影响。

（四）甘做村两委关系的"黏合剂"

村两委关系的团结、和谐是基层乡村治理的重要保障，将第一书记作为帮扶主体派驻村庄，必须得到村两委的支持，但由于制度缺陷，基层村委会与村党支部之间还存在权限没有明确规定、权限交叉重叠、责任主体不明的问题；村庄家族势力的渗透、乡镇党委对村两委的指导失当[29]等原因也导致部分村两委存在各种矛盾。

> "像我在的村，书记和主任可能有点隔阂，那我去了就需要调和双方，起'黏合剂'的作用。"
>
> ——H区第一书记MT105

> "书记和主任两个人一条心的还好办，就怕'拧麻花'，书记和主任各领一派人，两人对着干，你夹在中间这个活没法干，偏袒那头都不行，你偏那头你都不吃香。"
>
> ——E区第一书记HD230

由上述访谈可以看出，第一书记在遇到村两委不和的情况下，不得不起"黏合剂"的作用，尽管这种作用稳定了基层干部队伍和治理格局，但也对第一书记发挥作用带来负面影响，进一步强化了第一书记在村庄治理中的"中立"角色。

三、 村民与第一书记的互动

（一）"镀金"的认知偏差

对于第一书记"镀金"的认知不仅存在于村干部的想法中，村民同样存在此类想法，这样也带来对第一书记角色的认知偏差。

"你们都是下乡'镀金'的，转一圈，回去升职当大干部了吧？我们这里这样的干部来多了，你一个当老师的能干啥？[①]"

上述村民对第一书记的评价，尽管语言简单，但实际反映了多方面问题。首先，第一书记这一角色及制度设置包含有晋升表现优秀的选派人员这一政策导向，因此并不能排除部分第一书记及其选派单位是为了晋升而被选派或选派的倾向，如此不难理解村民对第一书记"镀金"疑虑的合理性。其次，以往自上而下选派的干部并未解决村里发展的根本问题，而且第一书记的挂职性质决定了其工作结果难以在短期见效，对于乡村治理仍然需要依靠内生动力、内部改革、乡村两级的系统改革。最后，村民对第一书记的疑虑也表现出当前基层干群之间仍存不信任的现象。

（二）中立的尽力而为

第一书记由于角色定位及工作职责的规定，加之在村内融入的关键是与村干部融通关系，因此针对村庄发展的问题及历史遗留问题，第一书记通常都采取了中立的尽力而为的态度。

"老百姓上门来，我一般都先把第一书记的职责给他们说一遍，还有村委会是什么职责。总支是什么职责，公司（村集体股份公司）是什么职责。同时，我是总支的书记，我会在会上把群众的问题包括一些历史遗留问题讲一下。其次，村民反映的问题我也还是会反馈给领导，如果不是太难的问题，我也尽量给办好，咱们态度中立，我不能站在任何一方的立场上，

---

① 中国青年网，http://dysj. youth. cn/ywlm/201902/t20190208_11865170. htm.

村委会做得不好我也是中立。"

——B区第一书记CX122

"刚驻村的时候天天有村民找，你也分不清他说的真假、对与不对，其实有一部分是无理取闹，只基于自己的利益，基于自己的判断，这种对我的精力牵扯非常大，当然我们的工作就是要化解这些东西。化解村内矛盾还是应该主要依靠村里，你第一书记也承诺不了什么，你没有决策权，他找你解决问题你也解决不了，村书记更了解多年的矛盾，作为第一书记你只能督促。"

——H区第一书记MT105

与普通农户的关系对第一书记工作来说是基础性的。上述第一书记的访谈表明，很多第一书记既希望为村民多办事，同时又要考虑不深陷村内纠纷中，这既是一种自我保护，也是一种客观态度。但第一书记的中立角色定位在处理乡村治理问题纠纷过程中也可能被村民认为没有发挥任何作用。比如一位被访谈的第一书记表示自己所驻村的村民曾经对自己说"你这个第一书记就是摆设"。从实践上看，第一书记单纯的中立角色定位和客观态度是自我保护。但实质来看，第一书记的中立态度导致村民问题无法解决、问题信息无法有效传递，说明第一书记制度应强化第一书记在村庄发展问题解决中的作用，重塑第一书记在村庄发展关键问题中的协调性主导者角色。

（三）主动的积极有为

尽管第一书记多数时间是处于中立位置，尽管面临各种可能的困难，但基于惠农情结与驻村责任，部分第一书记也主动作为，收集村民意见、为村民解忧愁、为民谋福利，并得到了村民的认可，而且为降低村民与村干部的不信任尽己之力。

"我建立了一个第一书记联系卡，里面有我的电话号码、个人简历，也包括微信头像、微信号，村民有什么问题可以给我反映，结果200多人加我微信，给我反映了一些问题，我从老百姓那了解了很多信息。我驻村后发现村两委没有威信，想干什么事老百姓不支持，所以我的办法就是改变村庄风貌，树立村两委的公信力，从一点一滴做起，做到公开、公正、公平。"

——I区第一书记C212

在农村基层，普通农户与村干部之间因村务不公开、不透明及一些下乡福利资源的优亲厚友分配等时常产生干群不信任问题，而上述案例中第一书记通过建章立制、顺民意办实事等举措扭转了农户与村干部的不信任趋势，表明第一书记不仅在农村与上级政府之间架起了一座桥梁，也弥合了村干部与群众联系、沟通的鸿沟。

"我们去了村里群众都是比较认可的，很少说第一书记是懒政不作为，但也不是全都合口味，有些满意度高一点，有一些可能会差一点，总体90％以上满意吧。"

——H区第一书记WL378

四、 第一书记与乡村两级治理主体互动

随着资源下乡和行政下沉，基层村干部逐渐成为基层乡镇政府的"腿"，在国家治理技术逐渐现代化的过程中，乡村两级治理主体面临着各种考核、填表等工作压力。在国家乡村治理由"资源汲取型"向"资源输入型"转型过程中，乡村两级治理主体逐渐形成了利益共同体，在外来治理主体嵌入时会采用"明里拖延、暗里反对"的方式以维护现有的基层治理结构。

第一书记代表国家政权派驻基层，对于原有的治理结构和利益结构带来了影响和挑战，但单靠其自身力量尚无法突破现有的治理结构，第一书记这一治理主体逐渐被乡村两级治理主体悬置，也产生了与国家选派目标的背离。第一书记陷入了孤军奋战与自我保护并行的治理逻辑。

五、 结论

互动理论强调，人们的社会行为受限于人们所接受的角色与身份、

所归属的团体以及所处的社会制度。第一书记在驻村工作中与不同利益主体的互动也同样与其角色、所属团体及治理制度相关，而这也进一步为其工作行为带来不同的影响。

尽管制度规定第一书记工作期间受乡镇政府领导，但限于第一书记角色"二重性"（原单位角色与驻村角色），乡镇政府对第一书记的行政领导关系具有临时性，且部分第一书记的派出单位的行政级别远高于乡镇政府。对于乡镇政府而言，第一书记能带来资源促进村庄的发展更好，不能促进发展但只要不影响基层组织的秩序就好。因此，基层政府对第一书记的领导较为松散，更具体的表现便是对第一书记工作的重视程度不足。

村干部作为基层治理的核心对第一书记开展工作的成效具有直接影响，二者的互动关系呈现的样态更加多元，表现在对第一书记工作不重视、认识存在偏差、受制于现有的乡村治理结构及村干部治理主体的配合程度。此外，对于村两委关系较为紧张的村庄，第一书记还需扮演"和事佬"的角色。首先，对第一书记工作不重视的原因主要是因第一书记给村里"添麻烦"，而现象背后则是第一书记能否带来资源、在能带来资源的情况下能否"不添乱"，在这样的互动逻辑下，村干部对第一书记工作的重视程度必然有限。而村干部对第一书记工作之所以产生认知偏差，关键是担心第一书记可能对村庄原有治理结构带来挑战和威胁。其次，部分第一书记的"镀金"心理也难免使村干部对其工作认知产生偏差。再次，第一书记之所以受限于基层治理结构则主要是由自身身份的外来性与治理主体临时性所决定，而且在乡村这一场域，村干部具备先天的治理优势，第一书记开展工作如果不能得到村干部的配合则无异于"缘木求鱼"，这既合理，又可能对第一书记体察真实民情带来一定干扰。最后，第一书记"和事佬"的角色功能与其所驻村的政治生态不佳有关，此种情形更加凸显了第一书记黏性治理的作用，即扮演中立、客观、公正的"不倒翁"角色有利于营造和谐的乡村治理氛围。

第一书记与村民的互动过程主要有三大表征：一是村民认为第一书记是"镀金"，因此对其工作实效有质疑；二是村民认为第一书记较为公正，因此对于村里的各类纠纷问题，都会寻求第一书记的帮助，但第一书记的角色及身份使其多数时候又"爱莫能助"，只能采取中立的尽力而为策略；三是从群众利益及自身工作职责出发，第一书记也会采取主动的积极有为的策略为民解忧。

总体上看，第一书记由于角色、身份、工作期限等因素限制，其与乡村两级治理主体之间的互动关系呈现出"悬浮"与"背离"形态。

第六章

成效：第一书记工作效果

　　近年来，北京市各级党委政府高度重视选派村党组织第一书记工作、精心做好部署安排，各单位各部门整体联动、大力支持，为保障第一书记驻村工作顺利开展，提供了坚强的保障。一是坚持上下联动，严格选人标准，按照"思想好、素质高、能力强、作风实"的要求，从各级机关优秀年轻干部、后备干部，以及国有企业、事业单位的优秀人员中选派干部担任第一书记。二是健全帮扶机制，制定下发了《关于落实第一书记选派单位帮扶责任健全干部驻村帮扶工作机制的通知》，压实派出单位工作责任。2018年上半年，各派出单位用于开展帮扶的资金共计1 509.1万元。三是加强督促管理，市委组织部、市委农工委印发《北京市村党组织第一书记管理办法（试行）》等，建立工作日志和民情日记制度，开展月度、季度、年度、任期考核，做好对第一书记的管理服务工作。四是搭建对接平台，编写低收入村信息手册，充分发动高校、国企、非公企业、社会组织等社会力量，形成政府主导与社会参与结合的帮扶新格局。五是强化服务保障，每一批第一书记入村工作前，市委组织部、市委农工委都专门举办履职培训班，各区普遍开展务实管用、各具特色的岗前培训。每年市、区两级都将第一书记纳入村干部轮训范围。每年为每名第一书记提供2万元专项工作经费，每月为第一书记发放生活补助（近郊2 200元/月、远郊2 520元/月）。组织开展走访慰问活动，为生活困难的第一书记送去慰问金。

　　通过多年实践，全市村党组织第一书记扎根基层，了解村情民意，抓党建聚民心、办实事破难题、促发展惠民生，有效激活了基层组织，助推了农村发展，锻炼了干部队伍，密切了党群联系，成为加强农村基层组织建设、解决一些村"软、散、乱、穷"等突出问题的重要举措。

一、 加强组织建设，显著增强驻村党组织的凝聚力、战斗力

加强农村党建是落实乡村振兴战略的"指南针"和"压舱石"，第一书记队伍驻村工作始终把加强基层组织建设作为"第一责任"，激发支部组织力和党员活力，将全面从严治党要求推向深入。比如，扎实推进支部规范化建设，严格落实"三会一课"党员积分管理、主题党日等，带头讲党课；建强了两委班子，带出了团结的干部队伍，培育了优良的后备人才；创新建立党小组工作办法①、"五微"党课②、"一体五翼"③、村两委干部例会制度、村民党员定期学习交流制度、村干部绩效考核办法等；积极协调与派出单位、驻村单位、"双报到"单位结对共建，实现区域内各类资源有机整合、有效利用。问卷调查显示，在第一书记对其所驻村贡献的主观评价方面，选择最多的是"加强两委能力建设"，所占比例为 86.4%，排在其后的是"收集民意"，所占比例为 59.9%。第一书记对其各类工作内容的评分方面，得分最高的是"让党建更有活力"，其次为"收集民意"及"加强两委能力建设"。

> "来了以后给老百姓干了一些实事，因为有区政府的支持，给了每个第一书记 30 万元的项目资金，我给村里建了文化大院，还有党员培训室，又花了 3 万元，买了各种家具和电器，包括空调和桌椅。这 80 多平方米的培训室建成后，党员活动有场所了，也为村里留了一部分资产。再一个是各种制度的建立，把村里治理好了。村里的环境卫生，半年之内我们花了一两万元，给村里全部整治大扫除，包括厕所等，这样老百姓才认可了。"
>
> ——F 区第一书记 F001

---

① 房山区青龙湖镇水峪村。
② 房山区十渡镇东太平村。
③ 延庆区张山营镇胡家营村。

"我来了以后建立了'五好党建法'，效果很好，村子里现在被镇里评为五好党支部，党员意识素质也比较高。"

——A 区第一书记 W002

"我驻村后发现农村党建活动还比较单一，如果只靠学文件，他们年龄比较大，你最多讲 20 分钟，再长了也都听不下去，常规的活动像学文件、写体会、进行讨论都不太适合，但又得找适合老年党员的活动。所以在"七一"之前，我就带领老党员去西柏坡参观，他们确实有闪光点，我们就想让老党员给年轻党员讲讲他们的入党经验，年轻党员也可以把自己对政策的理解讲给老党员。"

——F 区第一书记 W130

上述访谈表明，第一书记在基层党建、文化振兴、制度建设等方面发挥了重要作用，尤其是在基层党建创新上有了新的突破。在党建活动开展方面，第一书记并不拘泥于传统的开会、上课模式，而是采取走出去"取经""看经典"的模式重塑了党建工作。另外，还以情化人巩固党建根基，通过慰问的形式提高老党员对党建工作的支持。

二、 推进产业兴旺，有效助力农村经济社会发展

第一书记队伍驻村开展工作，紧密结合乡村振兴战略的首要目标，依托村庄优势，引导和推动更多资本、技术、人才等要素向农业农村流动。大力发掘产业的"造血"功能，调动广大农民的积极性、创造性，根据实际情况设计、申请产业项目，落实帮扶资金，让许多村庄有了自己的"拳头"产品，给老百姓吃下了"定心丸"。比如，建立种植、销售蔬菜、草莓、苹果、桃、核桃、栗子等的特色农业，推广中药材、蘑菇、香草种植及加工产业，发展客栈、特色民宿等旅游产业，通过举办农民丰收节，探索出了各具特色的产业发展路径。有的以派出单位作为坚强后盾，协调引入单位资源，助推村庄发展。有的创建电商平台，发挥线上线下生产、流通和销售的强大功能。问卷调查显

示，驻村工作中推动"经济发展"占比为 66.2%，"争取财政项目"占比为 50.4%。

> "为了做好乡村旅游，我找了一个区旅游委给我们做了一个乡村旅游策划，目前策划书在校对阶段，我们也在想通过什么方式让城市游客留下。甚至我们开辟林下旅游，给游客提供帐篷出租服务，游客来烧烤，也可以租一些东西。"
>
> ——B 区第一书记 YZ188

> "下半年打算把村里的酱菜跟其他两个村联合起来做，然后打包销售。我特别想把我们的油坊建立起来，之后就能让我们村里的一些无业劳动力有工作，出门就能上班。"
>
> ——F 区第一书记 H245

> "我们村现在部分老百姓都住上楼房了，导致有 109 个闲置院落，已经闲置 10 年了，后来经过思考我们就利用微博、微信等网络传播媒体联系外部的企业来合作，有一个公司联系我们要投资打造高端民宿，租金给我们几十万元，每年递增 3%，现在正在做规划、修路，全部使用低收入户劳动力，低收入户收入有保障，同时确保了村里收入稳定。"
>
> ——A 区第一书记 W002

> "村里有一个樱桃采摘园，2017 年的时候（村民）把樱桃 4 元/千克卖给商贩，我认为太便宜，就帮着建立了我们的微信公众号，在网上做一个采摘节，推送后网络转发量非常大，效果非常好，今年肯定不会卖给商贩了，可以出售给一些酒店等。"
>
> ——B 区第一书记 CX122

> "我们结合村里林地资源丰富的优势发展各类菌产品和柴鸡蛋等产业，而且我们不是自己找市场卖，我们是跟区政府食堂合作，他们的蘑菇都是从我们这里订的，包括农商行食堂等

都跟我们有对接。"

——F区第一书记P330

上述访谈表明第一书记在多个方面促进了乡村产业振兴。首先，第一书记基于村庄资源禀赋优势不仅打造乡村旅游项目、本土化的农产品品牌，而且从业态融合、产业链及价值链延长视角也深入思考，尤其是第一书记将乡村产业振兴与农村就业结合推进工作，进而达到了产业与就业的双促进效果，反映了外部智力资源对乡村产业振兴的助力。其次，第一书记也积极参与申报农口产业项目，并通过宣传村庄资源优势、利用网络媒体营销等方式搭建社会资本与乡村资源优势要素的整合，实现村民增收、集体经济发展、社会资本增值的共赢。再次，第一书记积极利用互联网的销售渠道与潜在消费者进行对接，利用乡村"节庆活动＋互联网"的方式促进本地特色农产品的销售，改变了村庄通过传统商贩进行低价批发销售的模式，同时转变村庄发展思路，改变了以往依靠"项目"发展的路径依赖。最后，第一书记通过构建消费扶贫机制拓展了村庄产品销售渠道。如第一书记通过联系政府属性的行政部门与金融部门食堂采购本村林下产品，提高了特色农产品的适销率。

三、　建设美丽乡村，大幅提升村庄宜居水平

第一书记队伍坚持贯彻"绿水青山就是金山银山"绿色发展理念，依托美丽乡村建设、平原造林、古村落保护、森林公园建设、水库移民政策以及各方面资源，加强农村资源环境保护，大力改善水电路气房讯等基础设施，统筹山水林田湖草保护建设，有效保护了绿水青山和清新清净的田园风光。比如，组建村庄环境卫生工作队伍，加强农村基础设施建设，提高村庄绿化水平，粉刷美化围墙，打造出了和谐宜居的村庄生活环境。充分发挥自身工作经验和优势，协助在疏解整治促提升、环境建设管理工作等方面制定方案、建立机制，推动工作水平提升。问卷调查显示，积极参与美丽乡村建设的第一书记占到71.7%。

四、 完善治理体系，切实提高乡村治理能力水平

第一书记队伍坚持把治理有效作为驻村工作的"第一保障"，加强和创新农村社会治理，加强基层民主和法治建设，弘扬社会主义核心价值观，使得农村更加和谐安定有序。比如，完善村规民约，带头规范执行"四议一审两公开"制度，大力抓好党务、村务、财务"三务"公开工作，完善落实村干部坐班值班制度，加强"三资"管理，扎实开展民主议政日活动，大幅提高基层民主自治管理水平。落实安全隐患治理三大行动，做好矛盾纠纷排查化解工作，圆满完成了各类重大时点防汛、安保、维稳任务，促进了农村和谐稳定。妥善处理村党组织、村委会、合作社、社会组织等组织之间关系，重构多元治理主体之间的规范、组织网络，实现多方的"优化组合"。问卷调查显示，"基层治理"在第一书记工作内容所占比达到66.8%，第一书记"让村庄能够组织起来干事情"所占比例达到48.0%。

（一）通过实现合作治理达成共识

实现合作治理是第一书记参与乡村治理的重要目标，而治理不同于管理之处就在于其具有"过程""调和""多元"和"互动"[30]四大特征，第一书记与其他村干部要实现治理共赢，势必需要寻求决策共识。

> "村干部平时可能非正式地跟你聊聊最近有什么想法，问你看合不合适，我如果觉得合适就落实，跟组织书记谈，再分头小范围去谈，如果方案成熟了，大家都认可了，我再拿到会上正式说，这样大家就形成共识了。"
>
> ——B区第一书记 YZ188

上述访谈可以看出第一书记在参与治理过程中发挥了凝聚共识的作用，在达成共识的过程中，通过非正式提议、小范围商议到正式的会议决策，整个过程是"决策气球"抛出，再通过与主要的治理主体就决策信息进行沟通，待大家对决策的认知达成一致时再正式通过会议来讨论

和确定最终决策，这表明第一书记在乡村治理结构中起到了信息收集、传递、集中并最终实现集体决策的作用，作为嵌入式治理主体，第一书记恰从"局外人"的角色发挥了"旁观者清"影响力。这也体现了党的民主集中制原则在基层的实践。此类决策共识的形成前提是需要村两委比较稳定、团结，而第一书记作为相对中立方，又借助第一书记的身份对于达成民主集中制原则具有客观、公正的作用。

（二）改进基层文风、会风，提高基层工作效率

基层干部尤其是农村干部的综合素质是工作有效开展的重要保证，但在乡村振兴过程中包括文化素质较高的村干部等各类乡村人才是较为缺乏的，如何提高现有干部人才工作效率则成为基层各项工作有序开展的重要议题。

"因为现在村干部的文化素质比较差，我们村干部基本都是初中、高中学历，大专毕业的村民都外出就业了，尤其是我们要往镇里报信息，包括最常用的请示、总结、报告，村干部就照抄、照搬，好些时候只是改几个字。我现在给他们讲党课，不是讲完就完了，读完了一定是转圈地每个人都要发言，大家学完就说感受，作为村干部，你有什么想法，你需要跟人沟通，哪怕你是要争取上级部门的资金，如果你跟领导不能达成很好的沟通，你连你的意图都表达不清楚，领导怎么重视你。因此语言表达能力在哪个层面都很重要，所以我们每次开会都必须发言，想法多就多说，少就少说。"

——B 区第一书记 YZ188

"对村子的影响是，首先是村里的干部开始写东西了，原来从不写东西，说干什么就干了，也不总结。所以我就让他们写一些公众号文章之类的，记流水账也行，他们后来觉得我干的事（给村里微信公众号写文章）让镇里看到了，让村民看到了，给他们的激励作用非常大，现在很多干部主动写东西，他们会把自己写的让我看，我跟他们说咱们是共同成

长，我的进步我的变化我给你们说，同时我也看到你们的变化。"

——B区第一书记CX122

分税制完成之后，各种惠农补贴开始以发展项目与产业的形式向农村投放[31]。项目制逐渐成为自上而下资金配置的一个重要渠道和机制，其规模与影响日渐凸显，正在重新塑造中央与地方的关系[32]。因此，能否获得涉农项目是乡村发展的关键。由上述访谈可以看出，随着有文化、有能力、年轻的乡村精英的外流，村干部整体文化素质较低，尽管被行政吸纳，但他们并不具备科层制工作人员所必备的能力，又因收入相对较低，所以他们对于申请乡村发展项目既无力也无心。此外，由于村干部文化素质较低，在公文写作、与人沟通尤其是跟上级领导沟通方面无法实现"语言同轨"，这类村庄的村干部在各类项目自上而下通过竞争形式投放过程中就会显示出"先天劣势"。基于上述原因，首先，第一书记针对村干部开展的文风改进、沟通能力提升等行政培训能够一定程度激活村干部工作积极性，提高村干部向上争取涉农项目、涉农资金的能力。其次，第一书记改进了村两委会议的会风，在组织村两委会议期间，改变基层"一言堂"式会议形式，引入"参与式"会议形式，即针对会议主题，每个参会者都要求表达意见、想法，这样既发扬了基层民主，又凝聚了共识，大大改进了基层的行政运作效率。最后，第一书记通过"耳濡目染"的方式影响村干部，而非通过行政命令来要求村干部改变，第一书记制度的长效化对村干部素质的提升必然会带来从量变到质变的影响，这将不仅改变他们的文风、会风，更将建立第一书记与村干部之间平等的协作关系，最终极大促进基层组织的良序运转。

（三）搭建沟通桥梁，促进基层组织建设

信息不对称是任何工作在实践中的常态，而沟通是化解信息不对称的重要方法，第一书记作为政府下派的治理资源对于乡村发展的信息需求具有承上启下的作用，尤其是对基层党组织建设具有黏性治理的

特点。

> "我去的时候是软弱涣散村，所以我去了就开始做两委班子工作，跟书记、主任包括委员勤沟通、勤联系、勤聊，把他们各方面的想法、需求了解清楚以后，及时跟咱们镇党委和镇里的组织部部长、副书记汇报，沟通到底怎么办，镇和区组织部就给我大力支持，这两年咱们村这个软弱涣散的帽子是摘了，村里的党支部也被评为先进基层党组织了，这样村里的班子基本就抓好了，我就想着村里可以干事了。"
>
> ——F区第一书记F001

> "村里老党员多，就得分类管理，对村干部要求严格一些，外出党员让他们看一些公众号的东西，正常的党建活动还要组织。另外就是制度建设，工作要点2018年都确定好了，现在进入正轨了，有活动他们就自然开始了，党建包括结对共建，跟一些学校签了结对共建协议。"
>
> ——B区第一书记CX122

从上述访谈可以看出，第一书记有效促进了基层党建工作。首先，了解村级组织软弱涣散的原因，在此基础上运用"沟通""联系"等黏性治理的做法拉近与村两委主要成员的关系，并了解各自对于村级组织建设、发展等的建议，进而将收集的村级组织问题信息反馈给乡镇政府，并最终得到来自乡镇政府的支持，起到了组织衔接、信息反馈的桥梁作用。上述第一书记的访谈进一步印证了基层组织坚强有力是推进乡村各项工作的重要保障。其次，为了应对基层党员外出工作的实际，第一书记对基层党建采取了分类管理的举措，运用微信公众号等网络媒体形式对外出党员进行教育，也兼顾了在村党员与外出党员的组织生活和党性教育等党建工作。最后，第一书记创新党建形式，打破区域边界，主动走出村庄，对接外部教育、金融等社会部门，并开展联合党建工作，丰富了党建形式，提高了党建效率。此外，第一书记也完善了基层的治理制度体系。

> "我来村后制定了村两委的工作制度，包括考勤制度，也包括村里的环境卫生管理制度。另外，这个村原来没有村规民约，我们新制定了村规民约。"
>
> ——J 区第一书记 ZH980

上述访谈进一步表明，第一书记也通过建制度来强化基层治理。

（四）对基层村干部具有监督作用，有利于完善基层治理格局

近年来，随着京郊农村城市化持续推进，土地资源升值，大量资金涌入基层，一定程度上滋生了"小官巨腐"的土壤，一些基层党组织软弱涣散，而北京市第一书记选派所瞄准的村庄主要是低收入村和党组织软弱涣散村。尽管经过前期政府治理，但乡村原有的治理结构依然牢固，第一书记以国家行政"代理人"的身份在乡村开展工作，一定程度上能够起到对基层两委组织的监督作用。

> "其实第一书记什么都不用干，你只要到村里就相当于发挥作用了。"
>
> ——G 区第一书记 C212

> "第一书记在村里，至少村干部不敢为所欲为了，他就会有顾忌了。"
>
> ——A 区第一书记 L001

上述访谈表明，第一书记作为国家在乡村场域的代表已发挥了监督的作用。随着国家与乡村之间关系由"汲取型"向"悬浮型"[33] 转变，乡村干部与村民之间的关系逐渐疏离，在"项目下乡""资源下乡"的过程中，村干部往往基于"关系亲疏""利益博弈""不出事原则"等理念来分派资源和实施项目，在此过程中难免会利用职务之便和体制漏洞来实现自己的利益[34]。由于第一书记的身份使其在村庄的立场更加中立、客观，起到了一个公平标杆的作用，所以尽管对村两委起监督作用并非第一书记选派的重要目标，但通过第一书记驻村无形中对村干部起到了"意外"的监督作用。

五、 服务改善民生，显著增强村民群众获得感、幸福感

第一书记队伍坚持把走好新形势下的群众路线作为"第一追求"，开展入户走访，统筹各方资源，一条条村内公路得以修建，一座座党群活动服务中心落成，一个个培训教室投入使用，让农民群众得到了实惠。比如，参加任职村庄的低收入户动态监测工作，实行精准帮扶，一大批低收入户及子女得到帮扶救助。通过村内解决一批、区域推荐一批、社会输送一批，开辟就业岗位，解决村民就业问题，让他们获得稳定的收入来源。组织开展优秀党员、文明家庭等文明创建活动，建起"益民书屋"，开展了"百姓影院"戏曲下乡、八段锦练习、广场舞培训等活动。在重要节假日及特定时间节点，开展丰富多彩的活动，如村庄春晚、歌唱活动、朗诵比赛、党建知识竞赛、包粽子或饺子等，进一步密切党群、干群关系。问卷调查显示，第一书记为民服务中"帮扶五保户、低收入户"所占比例为48.0%，"让村庄文化生活更加丰富"所占比例超过40.0%。

> "我在村里也策划一些活动，比如演出，还带队参加市乒乓球比赛，在全市得了第二。"
>
> ——B区第一书记CX122

上述访谈表明第一书记也非常重视农村文化活动对村民生活丰富的重要性，通过联系外部公司策划一些演出活动等来丰富村民的文化生活，带领村民参加体育比赛来增强村民共同体意识和集体凝聚力。

六、 提升自身工作能力，促进基层工作效率

第一书记驻村工作后，工作场域由原来的机关、企事业单位转到了农村，尽管工作中有各类挑战，但也促进了其工作能力和为民情怀的增强。

> "对我来讲也是去尽量把这项工作干好，干好了还有成就感，而且像我们一直在机关工作，很少接触到农村，这种全脱

产深入农村对我们也是一种挑战和提升。"

——H 区第一书记 L011

"首先，原来我可能是对我们科室 3～5 人讲话，来了以后就不一样了，这个村的机关干部就有 50 人，还不算下面的企业，那样就有上百人。其次是提高了组织协调能力，我原单位的工作面对的虽然是全区，但更多是写一些文字材料，包括方案制定、督查考核等工作，但到村以后面对的人员层次不同了，面对的事也多种多样。最后是更接地气，来了后是实在做事，村里就是最基层，包括疏解整治促提升，到村里后你就得组织人去干，包括组织党员双报到，最直接的事就是捡垃圾。"

——B 区第一书记 CX122

"第一书记还是有用的，村委会的工作杂事要做，还要处理村里各种问题。农村干部普遍知识文化水平不够，第一书记能力比较强，资源也强。如果建立了长久选派机制，对干部的成长，对农村的发展，对国家的发展都有利。"

——D 区第一书记 P098

上述访谈表明，第一书记通过驻村工作，从单纯面对原单位科室的几个人到现在要协调几十人甚至几百人，提高了协调能力。同时，第一书记作为国家在乡村治理的新型"代理人"，衔接了国家与乡村的各项工作，如从区到乡到村的各类政策解读和政策执行工作，提高了政策下乡的传递效率和政策执行力。此外，D 区第一书记 P098 的访谈表明了第一书记驻村工作对完成村庄事务的重要性、有效性，但也凸显了人才流失、资源缺乏等原因导致基层乡村治理薄弱的困境，因此，人才回流是乡村振兴的关键举措，亟须进行制度研究。

七、 压缩行政层级，提高基层发展需求上传效率

第一书记在驻村工作中，由于多数选派的村庄是党组织软弱涣散和低收入村等乡村振兴的短板村，因此他们在开展工作的过程中，无论是

项目引入、与外界资源单位结对子，还是促进选派单位提供各类支持等，无形中都起到了上传基层发展需求的作用，而且在工作中也缩短了行政等级链条。

> "我们区每年都有一个第一书记述职会，通过这个平台，起码干的一些事情让领导知道了。所以我觉得我们区委组织部真不错，让我们有了展示的平台。"
>
> ——A 区第一书记 W002

> "我们第一书记一般都是副科长或者正科长，不可能接触到副区长，现在每个区长都包低收入村，我们也能见到区长了。区组织部还有一个专门的第一书记简报，前段时间给我专门出了一期简报，区委副书记还做了批示。"
>
> ——A 区第一书记 W002

由上述访谈可以看出，首先，第一书记因驻村工作经历而有机会向更高级别领导汇报工作，实际上已实现了组织扁平化的效果，而且让领导听汇报也为第一书记提供了一个展示自己的机会。其次，结合现有的区长包村制度，第一书记与所驻村村干部也能建立基层发展需求的连接，从行政治理的扁平化视角是一种效率提升。最后，第一书记自身的工作能力在驻村工作中得到了提升，也丰富了其个体的职业生涯。

八、 结论

第一书记驻村工作的成效总体是显著的，通过创新基层党组织活动的形式，完善基层各类组织制度，提升了村党组织的凝聚力和战斗力。在推进产业兴旺方面，积极申请特色种植业、乡村民宿打造、乡村旅游等方面项目，并充分考虑乡村产业的可持续经营和提高第一产业附加值等角度为村庄定位产业，不仅丰富了京郊乡村产业业态，还拓宽了市场渠道。在美丽乡村建设方面，第一书记从完善基础设施、村庄环境改善、环境管护队伍建设方面制定了工作机制，大大提高了村庄宜居水平。通过建立治理机制、改进基层文风会风、促进基层组织建设、对基层监督等，提高了乡村治理能力和水平。在民生改善方面，通过开展文明评比、文化活动下乡、开辟就业岗位、关心低保户及其他弱势群体等举措，切实改善了民生。尽管工作环境改变了，但第一书记在工作适应中提升了工作能力，也带来了基层工作效率的提高。第一书记驻村工作对传统的科层体制带来了更大的改变，压缩了行政层级，提高了基层民情民意的上传效率。

第七章　影响：第一书记参与乡村
振兴的影响因素分析

结合第一书记主要工作职责——吃透村情民意、建强基层组织、促进增收致富、为民办事服务、提升治理水平，我们选择第一书记参与基层党建、参与收集民意、促进乡风文明及为民办事服务进行实证分析，以探究影响第一书记参与乡村振兴主要工作的影响因素。

一、　第一书记参与基层党建的影响因素分析

第一书记在驻村工作中按照政策尽管只承担部分工作，但乡村社会发展的问题繁杂，而且普通农民均将第一书记作为自上而下选派的干部来看待，因此对于村庄历史遗留问题、其他村干部无力解决的问题等都会寻求第一书记解决。但我们对第一书记调查了解后，发现其对加强基层党建如"加强两委能力建设"这一工作内容的贡献最高，而我们希望了解影响第一书记参与基层党建的因素，因此选择第一书记"加强两委能力建设"这一变量来考察。

（一）变量定义及统计描述

鉴于调查分两批进行，而第二批调查进一步完善了问卷信息，因此我们采用第二次调查的问卷数据，总共 251 个样本，得出第一书记的个体特征主要如下：

由表 7-1 可见，被调查第一书记中男性有 223 个，比重为 88.8%，女性第一书记有 28 人，所占比例为 11.2%，男性第一书记远多于女性第一书记。而年龄方面，较为年轻的第一书记有 131 人（18～28 岁、29～39 岁两个年龄段）所占比例为 52.2%；而 40～50 岁年龄段的第一书记也相对年轻，调查对象中有 100 人，所占比例为 39.8%。在教育

方面，第一书记普遍教育程度较高，本科及以上的第一书记有 232 人，所占比重为 92.5％，表明被调查第一书记总体受教育程度较高。在职务等级方面，正科级干部最多，有 150 个，所占比重接近六成，副处级以上第一书记较少，有 26 人，所占比重为 10.4％。在部门来源方面，来自区级政府部门的第一书记最多，有 122 人，所占比重为 48.6％，这对第一书记派驻本区参与乡村振兴具有区域优势；此外，企业和市级政府部门选派的第一书记比重也分别达到 23.9％、16.7％，企业选派的第一书记具有良好的市场经济意识和企业管理能力，而市级选派第一书记则具有政策理论视野宽的优势。在编制类型方面，有行政编、事业编、企业编及其他类型的第一书记，其中行政编制的第一书记最多，有 102 人，占比为 40.6％；而事业编制的第一书记也有 76 人，占比为 30.3％，总体看，行政编与事业编的第一书记是派驻基层驻村工作的主体力量。

表 7-1 模型变量定义与统计描述

类型	变量名称	具体指标	频数	比例（％）
被解释变量	是否加强两委能力建设	是	221	88.0
		否	30	12.0
部分解释变量	性别	男	223	88.8
		女	28	11.2
	年龄	18～28 岁	3	1.2
		29～39 岁	128	51.0
		40～50 岁	100	39.8
		51～58 岁	20	8.0
	教育水平	研究生及以上	80	31.9
		本科	152	60.6
		大专	19	7.6
	职务等级	正处级干部	4	1.6
		副处级干部	22	8.8
		正科级干部	150	59.8
		副科级干部	52	20.7
		普通干部	23	9.2

（续）

类型	变量名称	具体指标	频数	比例（%）
部分解释变量	部门来源	市级政府职能部门	42	16.7
		区级政府职能部门	122	48.6
		乡镇政府部门	10	4.0
		企业	60	23.9
		高等院校、科研院所	10	4.0
		其他（请填写）	7	2.8
	编制类型	行政	102	40.6
		事业	76	30.3
		企业	61	24.3
		其他	12	4.8
	认识所驻村的人数	10 人以内	3	1.2
		11～20 户	16	6.4
		21～50 户	75	29.9
		50 户以上	157	62.5
	工作自主性	上级部门安排	88	35.1
		根据村民提出的需求来安排	65	25.9
		自己发现的问题主动去解决	98	39.0
	如果可以选择是否愿意继续驻村工作	是	130	51.8
		否	31	12.4
		没想好	90	35.9
	如果有一个经济发展项目，您觉得您能够说服两委班子和村民一起支持这个项目吗？	能	211	84.1
		不能	5	2.0
		不清楚	35	13.9
	您有信心通过努力让村庄有更好发展吗？	有	234	93.2
		没有	2	0.8
		不清楚	15	6.0
	您认为您的单位对您的支持力度如何？	很大	121	48.2
		比较大	67	26.7
		一般	37	14.7
		比较小	11	4.4
		很小	15	6.0

（续）

类型	变量名称	具体指标	频数	比例（%）
提供支持 类型	提供资金支持	否	87	34.7
		是	164	65.3
	提供销售渠道支持	否	195	77.7
		是	56	22.3
	提供人才支持	否	148	59.0
		是	103	41.0
	提供技术及咨询服务支持	否	96	38.2
		是	155	61.8

（二）第一书记加强基层党建的影响因素实证分析

本部分以第一书记是否加强了两委能力建设为因变量，研究自变量（各影响因素）如何影响第一书记促进基层党建。本部分因变量是一典型的二元选择问题，第一书记是否加强两委能力建设或为两委能力建设是否做出贡献的概率是由第一书记自身与外部影响因素所决定的，因此，本部分选择建立 Logistic 回归模型。

设第一书记 i 促进两委能力建设的概率为 p_i，$1-p_i$ 则表示第一书记未能促进村两委能力建设的概率，它们均是由解释变量（x_1，x_2，…，x_n）构成的非线性函数：

$$p_i = F(y) = F\left(\beta_0 + \sum_{j=1}^{n}\beta_j x_{ij}\right) = 1/\left\{1 + \exp\left[-\left(\beta_0 + \sum_{j=1}^{n}\beta_j x_{ij}\right)\right]\right\}$$

（1）

对 $p_i/(1-p_i)$ 进行对数变换，得到 Logistic 模型的线性表达式：

$$\ln\left(\frac{p_i}{1-p_i}\right) = \beta_0 + \sum_{j=1}^{n}\beta_j x_{ij} \qquad （2）$$

（1）式和（2）式中，β_0 为常数项，β_j 是解释变量的回归系数，反映六类因素影响第一书记促进村两委能力建设的方向和程度。

模型采用强制进入策略，回归结果见表 7-2。

表 7-2 回归模型分析结果

类型	变量	B	Wals	Sig.	Exp（B）
个体特征	性别	19.421 33	7.76E-06	0.997 777	272 005 067.1
	年龄	0.364 734	0.529 987	0.466 612	1.440 130 27
	部门来源		1.811 176	0.874 606	
	市级政府职能部门	-19.676 4	2.02E-06	0.998 867	2.85E-09
	区级政府职能部门	-20.548 8	2.20E-06	0.998 817	1.19E-09
	乡镇政府部门	-21.399 3	2.38E-06	0.998 768	5.09E-10
	企业	-21.036 2	2.30E-06	0.998 789	7.31E-10
	高等院校、科研院所	-21.651 4	2.44E-06	0.998 754	3.95E-10
	受教育水平	0.464 506	0.771 08	0.379 883	1.591 228 538
	职务	-0.321 51	0.858 492	0.354 161	0.725 050 497
	编制类型		0.455 222	0.928 613	
	行政	-1.147 23	0.444 71	0.504 858	0.317 515 154
	事业	-1.098 73	0.392 952	0.530 752	0.333 294 19
	企业	-0.895 83	0.185 901	0.666 35	0.408 270 467
工作扎实性——驻村对晋升是否有影响	不清楚		0.577 025	0.749 378	
	有	-0.334 2	0.271 446	0.602 363	0.715 911 05
	没有	0.332 975	0.090 117	0.764 028	1.395 111 996
工作扎实性——是否愿意继续驻村工作	没想好		5.006 626	0.081 813	
	是	-1.807 38	4.224 703	0.039 84	0.164 082 941
	否	-1.927 84	3.589 17	0.058 157	0.145 462 487
村庄社会资本	认识所驻村的人数	-0.236 79	0.252 72	0.615 166	0.789 159 006
个人技能	擅长农业技术	1.007 481	0.918 779	0.337 796	2.738 694 497
	畜牧技术	0.800 956	0.200 896	0.653 999	2.227 669 602
	农产品营销	1.217 083	1.327 705	0.249 214	3.377 321 31
	解决纠纷	1.769 218	4.878 101	0.027 2	5.866 265 191
	社区建设和发展	-0.308 78	0.252 379	0.615 405	0.734 341 978
	法律知识	2.055 45	4.583 73	0.032 277	7.810 349 535
	组织动员老百姓	1.077 395	2.712 318	0.099 576	2.937 019 664
	从外面引入资源	-0.180 52	0.089 306	0.765 061	0.834 834 26
工作主动性——是否有信心发展好村子	不清楚		0.519 09	0.771 402	
	有	0.821 936	0.519 087	0.471 231	2.274 898 997
	没有	-36.825 8	3.01E-06	0.998 616	1.02E-16

（续）

类型	变量	B	Wals	Sig.	Exp（B）
村庄支持——如果有一个经济发展项目，能够得到村两委和村民支持	不清楚		1.362 8	0.505 908	
	能	−1.396 91	1.362 798	0.243 053	0.247 358 994
	不能	17.824 33	1.73E−06	0.998 95	55 081 771.7
单位支持力度	您的单位对您的支持力度如何	−0.510 34	2.798 898	0.094 329	0.600 288 661
单位的支持类型	提供资金支持	−0.769 73	0.988 136	0.320 198	0.463 137 871
	提供销售渠道支持	−1.664 43	5.097 709	0.023 957	0.189 297 907
	提供人才支持	0.066 903	0.012 288	0.911 734	1.069 191 709
	提供技术及咨询服务支持	0.892 04	1.611 554	0.204 274	2.440 102 833
	常量	58.384 64	3.56E−06	0.998 495	2.27E+25

注：输入的变量为性别，年龄，部门来源，受教育水平，职务，编制类型，驻村对晋升是否有影响，认识所驻村的人数，擅长农业技术，畜牧技术，农产品营销，解决纠纷，社区建设和发展，法律知识，组织动员老百姓，从外面引入资源，是否愿意继续驻村工作，村子对您的支持程度，是否有信心发展好村子，驻村工作态度认识，您的单位对您的支持力度如何，提供资金支持，提供销售渠道支持，提供人才支持，提供技术及咨询服务支持。

表7-2具体分析如下：

在个体特征方面，不同个体特征变量的影响不显著，因此我们主要关注其影响方向。由统计分析结果可以看出，年龄对第一书记加强两委能力建设具有正向作用，表明选派第一书记时要选择具有一定工作阅历、有一定农村工作经验的个体担任。受教育水平对第一书记加强两委能力建设的影响虽然不显著，但方向是正向的，表明第一书记教育水平越高，其越能提高村两委的能力；教育水平高的第一书记知识面宽、视野好，尤其是对各类涉农政策理解较深，因此，他们更能促进村两委能力建设，也有利于巩固基层党建。

在第一书记职务方面，由统计分析可以看出，职务越低效果越差，表明所选派的第一书记职务越高对村两委能力建设促进作用越大；通常，个体职务越高，其社会资本越好，对于驻村工作所需的各类资源动员能力也越强，也越能得到选派单位的支持，因此，尽管第一书记的选派原则是以科级为主，但在锻炼年轻干部的过程中也不能忽视选派的第一书记个人资源动员能力的高低，即不能为了锻炼干部而忽视帮扶村庄的根本目的。在第一书记单位类型方面，各种选派单位类型对第一书记加强村两委能力建设均不具有显著性。

在工作扎实性方面，分别通过两个问题来考察。第一个变量"驻村对晋升是否有影响"对第一书记驻村加强村两委能力的影响不显著，但影响方向具有较大意义，相比于"不清楚"，认为第一书记工作对个人晋升有影响的这一变量与第一书记加强村两委能力建设具有负向作用，相反，认为第一书记工作对个人晋升没有影响的这一变量与第一书记加强村两委能力建设具有正向作用。这表明第一书记内在对驻村工作与自身晋升的关联性认知越弱甚至没有，则其越能很好地加强村两委的能力建设，因此，在选派第一书记的过程中一定要注意选派对象的个体素质，如果选择的个体只考虑了自己的晋升这一个体化目标，那么其必然无法有效完善自己的工作，即需要选派的第一书记一般应该具有良好的群众口碑和个人作风正派性，选派单位在选择第一书记时要特别注意公示与意见反馈，防止选派出口碑不佳的第一书记。而另一个变量"是否愿意继续驻村工作"能反映出第一书记是否愿意留任第一书记工作，是反映第一书记个体驻村内在意愿的重要指标。由模型统计显示，相对于"没想好"是否要继续驻村工作这一变量，愿意继续驻村工作这一变量对第一书记加强村两委能力建设具有显著的影响，而且影响方向为负向；不愿意继续驻村工作这一变量对第一书记加强村两委能力建设虽不具有显著影响，但其影响方向也为负向，表明无论第一书记是否有意愿继续留任工作都对其加强基层党建的影响为负向，这可能与第一书记自己所具有的党建知识不高有关。

在村庄社会资本方面，第一书记"认识所驻村的人数"对加强村两委能力的影响为负向，且不显著，这可能与第一书记相对于党建，更重视与普通农户建立联系有关。

在个人技能方面，第一书记所具备的各类技能均对第一书记加强村两委能力建设有一定作用，除"社区建设和发展""从外面引入资源"这两项技能对第一书记加强村两委能力的影响具有负向影响外，第一书记所具有的其他技能均对其加强村两委能力具有正向影响。其中"解决纠纷""法律知识"这两个技能变量对第一书记加强村两委能力的影响较为显著（$P<0.05$），而且"法律知识"技能这一变量对第一书记加强村两委能力具有的正向作用更强，对解决基层干部法律意识淡薄、乡村纠纷问题有重要作用，"解决纠纷"这一第一书记的技能变量对第一书记加强村两委能力的正向显著影响表明第一书记对于村庄纠纷包括干群纠纷、群群纠纷的解决能力对其加强基层党建具有正面作用。而"从外面引入资源"这一第一书记所具备的技能变量对第一书记加强基层两委能力具有负向影响，表明只注重资源引入而不重视内源性发展的模式不利于基层党建，"社区建设和发展"技能变量同理。

在工作主动性方面，相比于"不清楚"自己是否有信心发展好村子这一变量，"有"信心发展好村子的第一书记对其加强村两委能力的影响尽管不显著，但影响方向是正向的，而"没有"信心发展好村子的第一书记则对其加强两委能力建设的作用为负向，表明第一书记驻村工作的内在信心对其加强基层两委能力建设具有重要作用。在乡村振兴过程中难免会遇到各种挑战和问题，有的甚至是瓶颈，但作为振兴的主体，信心的重要性尤其值得注意，选派第一书记的单位一定要注意选派具有抗逆力、抗挫性强的个体担任第一书记。

在内外支持方面，包括村庄支持和派出单位支持。从村庄支持看，相比于"不清楚"有一个经济发展项目能否得到村两委和村民支持这一变量，"能"得到村两委和村民支持这一变量与第一书记加强村两委能力建设具有负向影响，而"不能"得到村两委和村民支持这一变量与第一书记加强村两委能力建设具有正向影响，但影响都不显著，这表明尽管有发展项目，但村级组织建设并不自然就能得到加强。在单位支持方面，选派单位支持的力度越大对第一书记加强村两委的能力的影响就越强（问卷选项是支持力度逐渐变小），而且具有一定显著性（$P<0.1$）。这与访谈中很多第一书记都提到需要原单位重视第一书记工作，需要原单位给予更多支持是一致的。

在选派单位提供支持的类型方面，"提供资金支持""提供销售渠道支持"等并不利于第一书记加强村两委能力建设，而提供"提供人才支持""提供技术及咨询服务支持"则对第一书记加强村两委能力建设具有正向影响，这说明选派单位对第一书记的物质支持比精神支持对第一书记加强村两委能力建设的作用要弱，也印证了前文中仅仅有发展项目并不必然对第一书记加强村两委能力建设具有正向作用的结论。

二、　第一书记参与收集民意的影响因素分析

按照《北京市村党组织第一书记管理办法》对驻村第一书记的职责规定，第一书记主要职责任务有：吃透村情民意、建强基层组织、促进增收致富、为民办事服务、提升治理水平。尤其是吃透村情民意，这是了解实际情况并做出发展决策的重要依据，而了解影响第一书记收集民意的因素就尤为重要。

（一）第一书记收集民意的主要对象次序分析

根据调查，第一书记在收集民意的路径主要有："通过和村干部聊天""通过参加村民代表大会了解""老百姓上门反映""通过到访老百姓家了解"。不同收集民意的方式反映了第一书记工作方式的不同。

1. 通过村干部收集民意

调查显示，通过和村干部聊天的方式收集民意的排序中，按照实际选择来看，"排序第一"的有 134 人，"排序第二"的有 10 人，"排序第三"的有 9 人，"排序第四"的有 5 人，未选择的为 0 人。列为优先选项的为排序第一，比例为 84.8%；而排列第四位的所占比例为 3.2%（表 7-3）。

2. 通过村民大会收集民意

通过参加村民代表大会的方式收集民意的排序中，按照实际选择来看，"排序第一"的有 10 人，"排序第二"的有 98 人，"排序第三"的有 11 人，"排序第四"的有 17 人，未选择的为 22 人。列为优先选项的为排序第二，比例为 62.0%（表 7-4）。

表7-3 通过村干部收集民意

选项	排序	未选中	选中	选中比例（%）
	未选择	3	0	0.0
	排序第一	73	134	84.8
通过和村干部聊天	排序第二	11	10	6.3
	排序第三	5	9	5.7
	排序第四	1	5	3.2
	合计	93	158	100.0

表7-4 通过村民大会收集民意

选项	排序	未选中	选中	选中比例（%）
	未选择	13	22	13.9
	排序第一	13	10	6.3
通过参加村民代表	排序第二	55	98	62.0
大会了解	排序第三	7	11	7.0
	排序第四	5	17	10.8
	合计	93	158	100.0

3. 通过老百姓上门反映收集民意

通过老百姓上门反映的方式收集民意的排序中，按照实际选择来看，"排序第一"的有3人，"排序第二"的有22人，"排序第三"的有72人，"排序第四"的有22人，未选择的为39人。列为优先选项的为排序第三，比例为45.6%（表7-5）。

表7-5 通过老百姓上门反映收集民意

选项	排序	未选中	选中	选中比例（%）
	未选择	24	39	24.7
	排序第一	3	3	1.9
老百姓上门反映	排序第二	13	22	13.9
	排序第三	40	72	45.6
	排序第四	13	22	13.9
	合计	93	158	100.0

4. 通过到访老百姓家收集民意

通过到访老百姓家了解的方式收集民意的排序中，按照实际选择来看，"排序第一"的有 11 人，"排序第二"的有 27 人，"排序第三"的有 56 人，"排序第四"的有 55 人，未选择的为 9 人。列为优先选项的为排序第三，比例为 35.4%（表 7-6）。

表 7-6 通过到访老百姓家收集民意

选项	排序	未选中	选中	选中比例（%）
通过到访老百姓家了解	未选择	16	9	5.7
	排序第一	4	11	7.0
	排序第二	13	27	17.1
	排序第三	29	56	35.4
	排序第四	31	55	34.8
	合计	93	158	100.0

总体上看，第一书记在驻村工作中，和村干部聊天是其收集百姓意见的优先收集信息方式，其次是参加村民代表大会收集信息，最后两个方式是老百姓上门反映和到访老百姓家。尽管第一书记驻村工作优先对接的是村干部，但作为帮扶主体，体察民意是最关键的，了解村庄发展需求、百姓诉求等都更需要从农民视角来考虑，尤其是在乡村振兴过程中，自上而下的资源不断向乡村输入，但作为发展主体、受益主体、振兴基础的农民必须参与其中，否则第一书记引入的项目再多、资金再多也无法带来真正的乡村振兴。

（二）第一书记收集民意的影响因素实证分析

1. 模型及变量定义

我们以第一书记是否收集民意为因变量，研究自变量（各影响因素）如何影响第一书记促进体察民情、收集民意。本部分因变量是一典型的二元选择问题，第一书记是否体察民情、收集民意的概率是由第一书记自身与外部影响因素所决定的，因此，本部分选择建立 Logistic 回归模型。

设第一书记 i 体察民情、收集民意的概率为 p_i，$1-p_i$ 则表示第一书记未能体察民情、收集民意的概率，它们均是由解释变量（x_1，x_2，…，x_n）构成的非线性函数：

$$p_i = F(y) = F\left(\beta_0 + \sum_{j=1}^{n} \beta_j x_{ij}\right) = 1 / \left\{1 + \exp\left[-\left(\beta_0 + \sum_{j=1}^{n} \beta_j x_{ij}\right)\right]\right\}$$

$$(1)$$

对 $p_i/(1-p_i)$ 进行对数变换，得到 Logistic 模型的线性表达式：

$$\ln\left(\frac{p_i}{1-p_i}\right) = \beta_0 + \sum_{j=1}^{n} \beta_j x_{ij} \qquad (2)$$

（1）式和（2）式中，β_0 为常数项，β_j 是解释变量的回归系数，反映七类因素影响第一书记促进体察民情、收集民意的方向和程度。

表 7-7 为因变量和自变量的定义及统计描述，对于收集民意的比例达到 62.9%。教育方面，研究生及以上的第一书记有 80 人，所占比例为 31.9%，本科生有 152 人，所占比例达到 60.9%，教育水平是大专的第一书记人数最少，仅有 19 人，所占比例为 7.6%。在职务等级方面，处级干部有 26 人，所占比例为 10.4%，科级干部有 202 人，所占比例为 80.5%，普通干部数量最少，仅有 23 人，所占比例为 9.2%。在部门来源方面，市级政府职能部门第一书记有 42 人，所占比例为 16.7%，区级政府职能部门的第一书记有 122 人，所占比例为 48.6%，而来自乡镇政府部门的第一书记有 10 人，所占比例为 4.0%，其次是企业和高校科研院所，分别有 60 人、10 人，所占比例分别为 23.9%、4.0%。在编制类型方面，行政编制、事业编制、企业编制及其他分别有被调查第一书记 102、76、61、12 人，所占比例分别为 40.6%、30.3%、24.3%、4.8%。

表 7-7　模型变量定义与统计描述

类型	变量名称	具体指标	频数	比例（%）
被解释变量	您觉得您收集民意了吗？	是	158	62.9
		否	93	37.1

（续）

类型	变量名称	具体指标	频数	比例（%）
解释变量	性别	男	223	88.8
		女	28	11.2
	教育水平	研究生及以上	80	31.9
		本科	152	60.6
		大专	19	7.6
	职务等级	正处级干部	4	1.6
		副处级干部	22	8.8
		正科级干部	150	59.8
		副科级干部	52	20.7
		普通干部	23	9.2
	部门来源	市级政府职能部门	42	16.7
		区级政府职能部门	122	48.6
		乡镇政府部门	10	4.0
		企业	60	23.9
		高等院校、科研院所	10	4.0
		其他（请填写）	7	2.8
	编制类型	行政	102	40.6
		事业	76	30.3
		企业	61	24.3
		其他	12	4.8
	认识所驻村的人数	10 人以内	3	1.2
		11～20 户	16	6.4
		21～50 户	75	29.9
		50 户以上	157	62.5
	工作自主性	上级部门安排	88	35.1
		根据村民提出的需求来安排	65	25.9
		自己发现的问题主动去解决	98	39.0
	如果可以选择是否愿意继续驻村工作	是	130	51.8
		否	31	12.4
		没想好	90	35.9
	如果有一个经济发展项目，您觉得您能够说服两委班子和村民一起支持这个项目吗？	能	211	84.1
		不能	5	2.0
		不清楚	35	13.9

（续）

类型	变量名称	具体指标	频数	比例（%）
解释变量	您有信心通过努力让村庄有更好发展吗？	有	234	93.2
		没有	2	0.8
		不清楚	15	6.0
	您认为您的单位对您的支持力度如何？	很大	121	48.2
		比较大	67	26.7
		一般	37	14.7
		比较小	11	4.4
		很小	15	6.0

注：年龄为等差数列。

2. 模型结果分析

由统计模型分析（表 7-8），整体上看，各个自变量对因变量的影响并不显著，但研究影响方向则更为重要。

表 7-8　第一书记收集民意的影响因素分析

类型	变量	B	Wals	Sig.	Exp（B）
个体特征	性别	−0.335	0.535	0.465	0.716
	年龄	0.033	1.698	0.193	1.034
	受教育水平	−0.050	0.031	0.860	0.951
职业特征	部门来源		8.645	0.124	
	市级政府职能部门	−0.346	0.130	0.719	0.708
	区级政府职能部门	−0.863	0.934	0.334	0.422
	乡镇政府部门	1.489	1.054	0.305	4.432
	企业	0.744	0.287	0.592	2.103
	高等院校、科研院所	−1.726	2.171	0.141	0.178
	职务	−0.057	0.087	0.768	0.945
	编制类型		3.318	0.345	
	行政	−1.226	1.490	0.222	0.294
	事业	−1.438	2.064	0.151	0.237
	企业	−2.441	2.936	0.087	0.087

（续）

类型	变量	B	Wals	Sig.	Exp（B）
工作扎实性——驻村对晋升是否有影响	不清楚		0.689	0.709	
	有	0.012	0.001	0.971	1.012
	没有	−0.383	0.600	0.439	0.682
工作扎实性——是否愿意继续驻村工作	没想好		3.433	0.180	
	是	0.502	2.319	0.128	1.652
	否	−0.212	0.188	0.665	0.809
村庄社会资本	认识所驻村的人数	0.399	3.015	0.082	1.491
村庄支持——如果有一个经济发展项目，能够得到村两委和村民支持	不清楚		5.487	0.064	
	能	−0.920	3.562	0.059	0.398
	不能	1.729	1.153	0.283	5.635
单位支持	您的单位对您的支持力度如何	0.109	0.652	0.420	1.115
工作主动性（是否有信心发展好村子）	不清楚		1.556	0.459	
	有	0.856	1.556	0.212	2.353
	没有	−38.855	0.000	0.998	0.000
工作自主性	上级部门安排、根据村民提出的需求来安排及自己发现的问题主动去解决	−0.233	1.900	0.168	0.792
常量		0.132	0.003	0.955	1.142

注：输入的变量为性别，年龄，部门来源，受教育水平，职务，编制类型，驻村对晋升是否有影响，认识所驻村的人数，是否愿意继续驻村工作，村子对您的支持程度，您的单位对您的支持力度如何，是否有信心发展好村子。

在个体特征方面，性别对第一书记收集民意的影响并不显著，但方向为负向，表明女性相对男性在农村工作中收集民意的优势略有不足，而且正如前文分析，第一书记女性比例整体较低。而年龄对第一书记收集民意的影响为正向，年龄较长的第一书记在收集民意方面更有经验，也更不浮躁，因此年龄越长对收集民意越有利。另外可以看到，受教育水平越低则越不利于第一书记收集民意，因此，在选派第一书记过程中要优先选择教育水平高的个体，因为教育水平相对较高的个体对农村发展问题的理解更为深刻，也更注意从农户视角收集农户的发展意愿。

在职业特征方面，总体上看，第一书记的各类选派单位的类型中，来自乡镇政府部门的第一书记在收集民意方面更有优势，也更有动力，而且来自乡镇政府部门的第一书记更了解基层，在担任第一书记期间就更注意收集民意。对比来自其他部门的第一书记，部门类型对其在驻村工作期间收集民意为负向影响，高等院校、科研院所选派对第一书记收集民意的负向影响最大，应针对此类第一书记来源部门进行培训，并强化第一书记选派的精准度。而职务越低的第一书记对其收集民意的影响越不利，因为职务越高的第一书记，工作经历、经验也更为丰富，他们更注重驻村期间的民意收集，而且职务越高，工作思想觉也越高。各个编制类型均对第一书记收集民意有负面影响，但影响并不显著。

在工作扎实方面，有"驻村对晋升是否有影响""是否愿意继续驻村工作"两个变量，这两个变量均反映了第一书记对驻村工作的内在认识，也是是否全身心投入工作的重要表现。从统计结果显示，相对于"不清楚"，认为驻村对晋升有影响这一变量对第一书记收集民意具有正向影响，而认为驻村对晋升没有影响这一变量对第一书记收集民意具有负影响，表明第一书记的晋升预期有利于其更好地收集民意，说明针对第一书记的激励举措如给予提拔应进一步明确相关工作机制。在"是否愿意继续驻村工作"方面，相对于"没想好"，对于肯定回答，即愿意继续驻村工作这一变量对第一书记收集民意具有正向作用，而否定回答，即不愿意继续驻村工作这一变量对第一书记收集民意具有负向作用，表明驻村工作意愿是第一书记能够在基层收集民意、体察民情的重要指标。这也对选派第一书记的工作机制有所启发，即不能单纯依靠行政命令式安排和选派第一书记，而应更尊重选派对象的个体意愿。同时也表明个体在做事时需发挥自己的主观能动性，因为在调查过程中也发现一些选派单位在选拔第一书记时只给半天思考时间，尽管多数被选派对象都会接受这一工作，但行政命令式选派第一书记仍存在第一书记内生动力不强的问题。

在村庄社会资本方面，根据回归结果，第一书记认识所驻村的人数越多越有利于其开展收集民意、体察民情的工作，这表明第一书记融入村庄的重要性，只有融入村社集体，与基层农户面对面交流，才能从农户视角看到乡村振兴过程中的问题，也才能找到发展的合理策略。

在社会支持方面，主要包括村庄支持和单位支持。在村庄支持方面，相对于"不清楚"能否在发展项目上得到村民和村两委支持这一变量，认为能得到支持这一变量对第一书记收集民意具有负向影响，而不能得到支持对第一书记收集民意具有正向作用，这可能与第一书记更注重单向的发展项目下乡，而忽略来自百姓的发展意愿有关。在我国各类农村发展项目下乡进村过程中，由于没有基层农户的参与，发展项目往往会"水土不服"，带来财政支农资金的浪费，因此第一书记在工作中不仅要注意发展项目或财政资金的引入，而更应深入调查农民的需求，了解乡村发展的实际，进而结合专业知识、专业人员的建议开展工作。在单位支持方面，由回归结果可以看出，单位支持力度越高，第一书记收集民意越好，这表明选派单位对第一书记的支持是其能顺利体察民情开展工作的重要保障，这里的单位支持不仅包括资金支持，也包括让第一书记能全职驻村而不用"驻村和单位工作两头挑"。

在工作主动性方面，相比于"不清楚"是否有信心发展村子这一变量，第一书记工作越有信心，其收集民意的积极性就越好，这表明第一书记对工作的信心是其顺利开展工作的重要保障，而没有信心的第一书记收集民意、体察民情必然是被动的，也可能不参与民意收集。这对选拔第一书记的启发是要尽可能选拔对乡村振兴有信心、对农村发展前途有信心、对自己干好第一书记工作有信心的个体。

在工作自主性方面，这一变量主要由以下三个题项构成，即"上级部门安排""根据村民提出的需求来安排""自己发现的问题主动去解决"。根据回归结果可以看出，随着第一书记个体主动找问题解决，越主动找问题，对其收集民意的影响反而是负向的，这可能因为第一书记虽然主动工作，但工作的重心不是收集民意，而是聚焦村庄发展的重点问题主动找解决办法，尤其是一些问题村、软弱涣散村，往往第一书记到村工作后的主要工作就是围绕重点难点问题展开，而可能会忽视普遍性的民意收集。

三、第一书记促进乡风文明的影响因素分析

（一）第一书记对促进乡村文化振兴的贡献评价

对第一书记在乡村文化振兴方面的工作进行打分调查，主要是"第一书记让村庄文化生活更加丰富贡献""第一书记促进了村庄文化保护和利用贡献打分"。第一书记对于让村庄文化生活更加丰富贡献评价最多的是5分，所占比例为33.1%，打1分的比例最低，为9.2%（表7-9）。综合来看，第一书记通过自身努力让村庄文化生活更加丰富在不同分值的比例存在一定差距，最高分和最低分的比例差距为23.9个百分点。

表7-9 第一书记让村庄文化生活更加丰富贡献打分

分数	频率	百分比（%）
1	23	9.2
2	26	10.4
3	55	21.9
4	64	25.5
5	83	33.1
合计	251	100.0

对第一书记促进村庄文化保护和利用方面的贡献打分也是5分制，贡献打分最多的是4分，所占比例达到27.1%，打分最少的是1分，所占比例为14.3%，最高分和最低分的差距为12.8个百分点（表7-10）。这比第一书记让村庄文化生活更加丰富的差距低，表明大多数第一书记对自身促进村庄文化保护和利用的贡献打分较为均衡。

表 7 - 10　第一书记促进了村庄文化保护和利用贡献打分

分数	频率	百分比（%）
1	36	14.3
2	30	12.0
3	62	24.7
4	68	27.1
5	55	21.9
合计	251	100.0

相对于"第一书记让村庄文化生活更加丰富贡献"，"第一书记促进了村庄文化保护和利用贡献打分"更加注重对乡村文化挖掘、乡村旅游等乡村文化产业发展的贡献。前者是第一书记促进乡村文化振兴的"内核"，后者则类似乡村文化振兴的"表现形式"。在乡村文化振兴过程中，乡村文脉和乡村产业振兴二者是相辅相成的关系，第一书记要兼顾乡村产业振兴和乡村文脉的保护。

（二）第一书记促进乡风文明的影响因素实证分析

1. 模型及变量定义

我们以第一书记是否"让村庄文化生活更加丰富"为因变量并指代乡风文明，研究自变量（各影响因素）如何影响第一书记促进乡风文明的。本部分因变量是一典型的二元选择问题，第一书记是否让村庄文化生活更丰富的概率是由第一书记自身与外部影响因素所决定的，因此，本部分选择建立 Logistic 回归模型。

设第一书记 i 促进村庄文化生活丰富的概率为 p_i，$1-p_i$ 则表示第一书记未能促进村庄文化生活丰富的概率，它们均是由解释变量（x_1，x_2，…，x_n）构成的非线性函数：

$$p_i = F(y) = F\left(\beta_0 + \sum_{j=1}^{n}\beta_j x_{ij}\right) = 1/\left\{1+\exp\left[-\left(\beta_0+\sum_{j=1}^{n}\beta_j x_{ij}\right)\right]\right\}$$

$$(1)$$

对 $p_i/(1-p_i)$ 进行对数变换，得到 Logistic 模型的线性表达式：

$$\ln\left(\frac{p_i}{1-p_i}\right) = \beta_0 + \sum_{j=1}^{n}\beta_j x_{ij} \qquad (2)$$

（1）式和（2）式中，β_0 为常数项，β_i 是解释变量的回归系数，反映七类因素影响第一书记促进体察民情、收集民意的方向和程度。

自变量定义及统计描述同表 7-7，对于第一书记让村庄文化生活更加丰富的比例达到 41.0%。

2. 模型结果分析

运用 SPSS 计量分析软件进行 logistics 模型回归，结果如表 7-11。

表 7-11　第一书记促进乡风文明的影响因素分析

类型	变量	B	Wals	Sig.	Exp（B）
个体特征	性别	0.923	4.080	0.043	2.518
	年龄	0.003	0.018	0.894	1.003
	受教育水平	−0.116	0.182	0.670	0.891
职业特征	部门来源		2.068	0.840	
	市级政府职能部门	−0.054	0.004	0.951	0.947
	区级政府职能部门	−0.221	0.071	0.789	0.802
	乡镇政府部门	−0.227	0.040	0.841	0.797
	企业	0.507	0.185	0.667	1.661
	高等院校、科研院所	0.732	0.449	0.503	2.080
	编制类型		0.203	0.977	
	行政	0.382	0.190	0.663	1.465
	事业	0.309	0.125	0.724	1.363
	企业	0.249	0.049	0.825	1.282
	职务	−0.009	0.002	0.962	0.991
工作扎实性——驻村对晋升是否有影响	不清楚		0.505	0.777	
	有	0.183	0.347	0.556	1.200
	没有	0.276	0.330	0.566	1.318
工作扎实性——是否愿意继续驻村工作	没想好		4.096	0.129	
	是	0.602	3.535	0.060	1.826
	否	0.017	0.001	0.972	1.018
村庄支持——如果有一个经济发展项目，能够得到村两委和村民支持	不清楚		1.002	0.606	
	能	0.315	0.472	0.492	1.370
	不能	1.091	0.845	0.358	2.979

（续）

类型	变量	B	Wals	Sig.	Exp（B）
单位支持	您的单位对您的支持力度如何	−0.127	0.988	0.320	0.881
工作主动性——是否有信心发展好村子	不清楚		0.812	0.666	
	有	0.682	0.812	0.367	1.977
	没有	−20.408	0.000	0.999	0.000
村庄社会资本	认识所驻村的人数	0.106	0.222	0.638	1.112
工作自主性	上级部门安排、根据村民提出的需求来安排及自己发现的问题主动去解决	0.240	2.102	0.147	1.272
	常量	−3.628	2.654	0.103	0.027

在个体特征方面，性别对第一书记促进乡风文明的作用为正向，且为显著影响（$P<0.05$），这表明女性第一书记相比男性第一书记更擅长文化工作，政策启示是选派女性第一书记对乡村文化产业振兴具有重要意义。而年龄越大的第一书记，其促进村庄文化生活丰富的影响更大且为正向影响，但这个影响并不显著，表明年纪越大的第一书记因为对乡村文化的内涵理解更深，因此其更愿意参与乡村文化振兴工作。回归结果显示，受教育水平越高的第一书记对于促进乡村文化生活更丰富的影响为负向，这与受教育水平高的第一书记对乡土文化的理解可能不深有关，其对乡风文明的重视程度就不明显。

在职业特征方面，相比于其他部门，来自企业和高等院校、科研院所的第一书记对乡村文化生活的促进作用更好，影响为正向，而市级政府职能部门、区级政府职能部门、乡镇政府部门等部门类型对第一书记促进乡村文化振兴的作用为负向，这表明高校等研究机构和企业人员对乡村文化理解更深，尤其是高校等科研机构，对乡村振兴的研究逐渐加深，选派的第一书记受到此类研究文化氛围影响而对乡村文化振兴的兴趣更大，企业类型的第一书记可能因乡村文化产业在市场的重要性逐年提升而使其对乡村文化振兴更重视。而相比于其他类型编制，行政、事业及企业编制对第一书记参与乡村文化振兴的影响均为正向，行政编制对第一书记参与乡村文化振兴的正向影响最大，由此可见，不同类型编制的第一书记均较为重视丰富乡村农民的文化生活。职务越低，第一书记促进乡村文化生活丰富的动力越弱，表明职务较高的第一书记由于思想觉悟高、对国家各类涉农政策相对关注，因此其更加注意乡村文化的丰富和保护，对相关政策启示是将职务较高的第一书记选派到有乡村旅游文化发展需求的村庄更能促进乡村文化振兴。

在工作扎实性方面，相比较"不清楚"驻村对晋升是否有影响而言，认为驻村对晋升有影响和认为驻村对晋升没有影响这两个变量均对第一书记促进乡村文化振兴具有正向影响，但后者的正向影响更大，表明第一书记能客观认识驻村对晋升的影响，也表明其工作更加扎实，并不特别将晋升与乡村文化振兴挂钩。在是否愿意继续驻村工作方面，相比较"没想好"是否继续驻村，"愿意"继续驻村这一变量比"不愿意"继续驻村这一变量对第一书记促进乡村文化振兴的影响更大，表明驻村意愿这一第一书记的内生动力对其参与乡村文化生活丰富为代表的乡风文明工作更具有主动性，对政策启示就是选派第一书记驻村工作的意愿对其参与文化振兴具有重要意义，因此特别注意不能单纯依靠行政命令式来选派第一书记。

在社会支持方面，主要包括村庄支持和选派单位支持。根据回归结果，相比较"不清楚"在一个经济发展项目到村后能否得到村民和村两委支持而言，认为"能"得到村庄支持这一变量和认为"不能"得到村庄支持这一变量对第一书记促进乡风文明的影响均为正向作用，但后者的作用更大，这表明经济发展类项目与乡村文化事业不同，第一书记不能得到经济发展类项目的支持但却更有利于乡村文化振兴，政策启示是经济发展类项目不能与乡村文化振兴互斥，尤其是要注重乡村文脉的保护。在选派单位的支持方面，根据回归结果，选派单位的支持力度越小，对第一书记参与乡村文化振兴的影响越负向，政策启示为选派单位要加强对第一书记的各类支持，在文化产业方面，要给予第一书记更多资金、人才、政策支持。

在工作主动性方面，相比于"不清楚"是否有信心发展好村子而言，"有"信心发展好村子对第一书记促进乡村文化振兴具有正向影响，而"没有"信心发展好村子对第一书记促进乡村文化振兴具有负向影响，因此，在促进乡村文化振兴的动力方面，政策启示是针对乡村旅游、市民农园等具有乡村文化特征的村庄在选派第一书记时应主要选拔对乡村发展有信心、对乡村旅游较为了解、对农村文化热爱的个体。

在村庄社会资本方面，根据计量回归结果，第一书记认识所驻村的人数越多，对其促进乡村文化振兴的影响更大且为正向影响，表明认识人数越多的第一书记更了解乡村，对乡村文化更有感情，因此他们更重视乡村文化振兴和乡村文脉保护。

在工作自主性方面，第一书记越是主动发现并解决问题，即其工作自主性越强，越会促进乡村文化生活丰富，表明工作自主性更强的第一书记对乡村文化振兴具有更深刻理解，更愿意从事促进乡村文化生活丰富的工作。

四、 第一书记为民办事服务的影响因素分析

（一）第一书记对为民办事服务的贡献评价

第一书记工作职责中对于"为民办事服务"的要求是"引导村党组织在改革发展中切实维护群众利益，带领村级组织开展为民服务全程代理等工作，打通联系服务群众'最后一公里'；关心关爱五保户、残疾人、空巢老人和留守儿童，帮助解决生产生活中的实际困难；着力改善民生，开展环境整治，推动村内公共事业发展，改善生产生活条件"。通过调查，第一书记对于自己为民办事服务的贡献评分中5分最多，比例达到32.7%；其次是3分，所占比例为24.3%；评分为4分的第一书记有50人，所占比例为19.9%。整体来看，第一书记对为民办事服务的贡献自评较好，但评分在3分及以上的比例仅为76.9%，未达到九成以上，因此，第一书记在为民办事服务这项工作职责上仍有改进空间（表7-12）。

表7-12　第一书记对为民办事服务的贡献评分

分数	频率	百分比（%）
1	29	11.6
2	29	11.6
3	61	24.3
4	50	19.9
5	82	32.7
合计	251	100.0

在第一书记到村工作后开展的多项工作中，为民办事服务涉及内容较多，他们能将各类资源用好，并为村民办了实事，得到了村民的广泛认可。

（二）第一书记为民办事服务的影响因素实证分析

1. 模型及变量定义

我们以第一书记是否"帮扶五保户、低收入户"为因变量并指代为民办事服务，研究自变量（各影响因素）如何影响第一书记促进乡风文明的。本部分因变量是一典型的二元选择问题，第一书记是否在村庄为民办事服务的概率是由第一书记自身与外部影响因素所决定的，因此，同样选择建立 Logistic 回归模型。

设第一书记 i 为民办事服务的概率为 p_i，$1-p_i$ 则表示第一书记未开展为民办事服务的概率，它们均是由解释变量（x_1，x_2，$\cdots$，x_n）构成的非线性函数：

$$p_i = F(y) = F(\beta_0 + \sum_{j=1}^{n}\beta_j x_{ij}) = 1/\{1 + \exp[-(\beta_0 + \sum_{j=1}^{n}\beta_j x_{ij})]\}$$

$$(1)$$

对 $p_i/(1-p_i)$ 进行对数变换，得到 Logistic 模型的线性表达式：

$$\ln\left(\frac{p_i}{1-p_i}\right) = \beta_0 + \sum_{j=1}^{n}\beta_j x_{ij} \qquad (2)$$

（1）式和（2）式中，β_0 为常数项，β_j 是解释变量的回归系数，反映七类因素影响第一书记促进体察民情、收集民意的方向和程度。

　　自变量定义及统计描述同表 7-7，对于第一书记帮扶五保户、低收入户的比例达到 47%。

2. 模型结果分析

　　根据 logistics 回归模型分析，具体见表 7-13。

表 7-13　第一书记在为民办事服务的影响因素分析

类型	变量	B	Wals	Sig.	Exp（B）
个体特征	性别	0.377	0.702	0.402	1.458
	年龄	0.036	1.947	0.163	1.037
	受教育水平	0.346	1.551	0.213	1.414
职业特征	部门来源		3.556	0.615	
	市级政府职能部门	0.760	0.627	0.428	2.139
	区级政府职能部门	0.615	0.465	0.495	1.849
	乡镇政府部门	0.941	0.643	0.422	2.564
	企业	−0.191	0.023	0.880	0.826
	高等院校、科研院所	−1.095	0.586	0.444	0.335
	编制类型		4.284	0.232	
	行政	0.788	0.937	0.333	2.199
	事业	0.266	0.107	0.743	1.305
	企业	1.691	2.208	0.137	5.427
	职务	0.290	2.104	0.147	1.337
工作扎实性——驻村对晋升是否有影响	不清楚		1.546	0.462	
	有	0.074	0.056	0.813	1.076
	没有	−0.543	1.162	0.281	0.581
工作扎实性——是否愿意继续驻村工作	没想好		3.092	0.213	
	是	0.437	1.866	0.172	1.548
	否	0.737	2.313	0.128	2.089
村庄支持——如果有一个经济发展项目，能够得到村两委和村民支持	不清楚		1.249	0.536	
	能	−0.351	0.661	0.416	0.704
	不能	0.688	0.260	0.610	1.989
单位支持	您的单位对您的支持力度如何	−0.309	5.441	0.020	0.734

（续）

类型	变量	B	Wals	Sig.	Exp（B）
工作主动性——是否有信心发展好村子	不清楚		0.059	0.971	
	有	−0.155	0.059	0.808	0.856
	没有	24.289	0.000	0.999	35 367 059 382.539
村庄社会资本	认识所驻村的人数	0.593	6.529	0.011	1.809
工作自主性	上级部门安排、根据村民提出的需求来安排及自己发现的问题主动去解决	−0.213	1.615	0.204	0.808
	常量	−5.749	5.888	0.015	0.003

注：输入的变量为性别，年龄，部门来源，受教育水平，职务，编制类型，驻村对晋升是否有影响，认识所驻村的人数，是否愿意继续驻村工作，村子对您的支持程度，是否有信心发展好村子，您的单位对您的支持力度如何。

在个体特征方面，性别对第一书记为民办事服务具有正向影响，表明女性第一书记比男性第一书记在帮扶五保户、低收入户方面更为积极，由于通常女性在工作更为细腻，也更注重弱势群体的帮扶，因此女性第一书记对为民办事服务的积极性更高。而年龄因素对第一书记帮扶五保户、低收入户也具有积极的正向影响，随着年龄的增长，第一书记的工作阅历、经验等更加丰富，对为民办事服务也随着工作年限的增长有更深刻的体会，因此他们对帮扶五保户、低收入户更加积极。回归结果显示，受教育水平越低的第一书记对帮扶五保户、低收入户工作更加积极，这里反映了一些第一书记尽管受教育水平不高，但其工作时间早，对各类社会弱势群体包括农村五保户、低收入户更愿意提供帮扶支持。

在职业特征方面，从部门来源看，相比于其他部门，来自"市级政府职能部门""区级政府职能部门"以及"乡镇政府部门"对第一书记为民办事服务的影响均为正向，而且"乡镇政府部门"的正向影响最大；"企业""高等院校、科研院所"这两个部门对第一书记为民办事服务的影响为负向，表明政府部门尤其是基层乡镇政府部门的第一书记对为民办事服务更为重视，也更能体会"以人民为中心"在基层实践的意义，政策启示是对来自企业部门和高校科研院所部门的第一书记要加强"以人民为中心"这一职责理念的培训。相比于"其他部门"，"行政""事业""企业"编制均对第一书记为民办事服务具有正向影响，其中"企业"的影响更大，表明第一书记来自企业编制的部门更重视帮扶农村弱势群体。随着职务的降低，"职务"这一变量对第一书记帮扶五保户、低收入户的影响更为正向，表明职务高的第一书记驻村工作可能更关注村庄宏观发展问题，而在帮扶弱势群体方面的工作还有待改进。

在工作扎实性方面，首先从"驻村对晋升是否有影响"这一变量看，相比于"不清楚"驻村对晋升是否有影响而言，认为"驻村工作对晋升有影响"这一变量对第一书记为民办事具有正向影响，而"驻村工作对晋升没有影响"这一变量对第一书记为民办事的影响为负向，因此，尽管"驻村对晋升有影响"带有一定功利性，但鉴于第一书记在基层工作较艰苦，给予其一定晋升激励是合理的，而且也能更加促进其为民办事服务，政策启示为对在基层工作特别出色的第一书记要明确提拔的工作机制。相比于"没想好"是否愿意继续驻村工作而言，无论是"愿意"还是"不愿意"继续驻村工作，其对第一书记为民服务的影响均为正向，表明无论是否有意愿继续驻村，第一书记对为民服务办事的态度均为积极的。

在社会支持方面，包括村庄支持和单位支持。对于村庄支持，相比于"不清楚"在有一个经济发展项目后村民和村两委是否支持这一变量，持肯定态度的变量对第一书记为民办事服务的影响为负向，而持否定态度的变量对第一书记为民办事服务的影响为正向，这可能与这一变量仅适用经济发展类项目有关。在单位支持方面，单位支持力度越小，第一书记为民办事服务的积极性越小，而且具有显著影响（$P<0.05$），政策启示是要进一步强化原单位对第一书记工作的支持。

在工作主动性方面，相比于"不清楚"是否有信心发展好村子而言，"有"信心发展好村子这一变量对第一书记为民办事服务的影响为负向，而"没有"信心发展好村子这一变量对第一书记为民办事服务的影响为正向，这可能与第一书记虽有信心但实际在村庄开展为民办事服务较少有关。

在社会资本方面，第一书记"认识所驻村的人数"越多，其对第一书记为民办事服务的影响越大，且具有显著影响（$P<0.05$），表明第一书记融入村庄越好，跟村民之间互动越多，其就能在工作中更加注意为民办事服务。政策启示是第一书记在驻村工作中要为民服务办事，就必须与农民打成一片，了解他们的实际困难和发展需求，并尽心尽力为百姓做实事。

在工作自主性方面，第一书记的自主性对其为民服务办事的影响为负向，这可能是因为第一书记工作尽管发挥了个体工作自主性，但上级部门安排的工作等又影响了其工作自主性，因此其在为民服务办事的过程中有心有余而力不足的问题。

五、 结论

我国乡村振兴的 20 字方针主要包括产业兴旺、生态宜居、乡风文明、治理有效、生活富裕，第一书记驻村工作在促进治理的过程中强化了乡村振兴的主要任务，选取基层党建、收集民意、促进乡风文明及为民办事服务等变量作为工具分析第一书记参与乡村振兴过程中的影响因素有利于对第一书记选派政策的完善。

（一）第一书记参与基层党建影响因素的政策启示

选派第一书记要注意工作阅历，选有一定农村工作经验及职务较高的个体，这与党建工作的专业性、实效性、统领性有关；同时不可忽视对第一书记资源动员能力的考察。在具体对象选择上还应进行充分的群众调研和核实，将具有良好群众口碑及个人作风正派的个体作为重点选派对象。此外，还应进一步强化第一书记的个人党建知识培训，这对非党建口选派的第一书记在村工作尤为重要。在第一书记个体其他特征方面，由于基层党建工作的复杂性和综合型，第一书记的首项任务又是强化基层党建，工作中难免会遇到各种困难，因此还需注意选派抗逆力较强的第一书记。最后在党建方面要进一步发挥第一书记原单位的结对帮扶作用，强化原单位的帮扶责任。

（二）第一书记参与收集民意影响因素的政策启示

年龄、受教育水平对第一书记收集民意都具有正向影响，因此从收集民意的角度，应优先选择年龄中等、受教育水平相对较高的个体。此外，来自乡镇政府部门的第一书记更注意收集民意，而高校及科研院所选派的第一书记在收集民意方面存在不足，这与其专业有关，因此在选派过程中要注意第一书记个体的专业性与村庄实际问题的结合。第一书记的晋升、驻村意愿对其收集民意影响较大，表明第一书记晋升机制及尊重个体驻村意愿对其主动工作具有较大影响。另外，第一书记获得社会支持、原单位支持的力度及个体自信心对第一书记收集民意均具有正向影响，可见第一书记的社会资本丰富度及个体的自信特征（通常自信的人抗逆力也较强）均应作为选派第一书记的重要参考。

（三）第一书记促进乡风文明影响因素的政策启示

女性、年龄较大的第一书记对乡村文化振兴更有助力，而受教育水平高对第一书记促进乡风文明不具有正向影响，因此，应考虑在不同发展需求的村庄与第一书记的个体特征间建立一个调适过渡期。行政编制、职务较高的第一书记对促进乡风文明具有正向影响，因此，将职务较高的第一书记选派到有乡村旅游文化发展需求的村庄更能促进乡村文化振兴。由于乡风文明更多对应的是乡村文化，文化更多是乡村内在灵魂的体现，与各类物质建设的可视化无法比较，因此对晋升不看重的第一书记更有利于促进乡风文明的建设。此外，第一书记发展经济类项目并不代表乡村文化不重要，在实际工作中，第一书记应将二者兼顾考虑，甚至更应注重乡村文脉的保护。针对乡村旅游、市民农园等具有乡村文化特征的村庄在选派第一书记时应主要选拔对乡村发展有信心、对乡村旅游较为了解、对农村文化热爱的个体。

（四）第一书记为民办事服务影响因素的政策启示

女性、阅历丰富的第一书记在为民办事服务方面具有更好的作用，而受教育水平较低同样有利于其为民办事服务，因此在为民办事服务方面，应选派更多接地气的第一书记。乡镇政府选派的第一书记促进为民办事服务具有正向影响，而其他部门或组织来源的第一书记在促进为民办事服务方面具有负向影响，表明政府部门尤其是基层乡镇政府部门的第一书记对为民办事服务更为重视，也因此，来自对企业部门和高校科研院所部门的第一书记要加强"以人民为中心"这一职责理念的培训。有晋升机制、原单位支持对第一书记为民办事服务均具有正向影响。最后，第一书记在驻村工作中要为民办事服务，就必须与农民打成一片，了解他们的实际困难和发展需求，并尽心尽力为百姓做实事。

第八章

问题：第一书记工作挑战

一、 选派匹配度有待提升

（一）市派第一书记与派驻村庄的类型匹配存在差距

由第三批派驻人员的数据[①]来看，市派干部和企业人员入驻软弱涣散、低收入村的比例为 18.00％，入驻非软弱涣散、低收入村的比例为 82.00％（表 8-1）。如果基于市级派出人员更有资源动员能力的假设来看，理论上市级派出人员更应该入驻软弱涣散、低收入村。根据此原则，目前派出人员的匹配度还需进一步优化。

表 8-1　市派第一书记与村庄类型匹配情况

派驻村的特点	市派		非市派		合计	
	人数	占比（％）	人数	占比（％）	人数	占比（％）
软弱涣散、低收入村	18	18.00	112	56.85	130	43.77
非软弱涣散、低收入村	82	82.00	85	43.15	167	56.23
合计	100	100.00	197	100.00	297	100.00

（二）第一书记专业性与村庄实际需求存在匹配度不足现象

第一书记工作效率的重要表征是精准选派，其中关键是精准。但调研发现，部分第一书记与所驻村庄的匹配性并不强，如有的第一书记所在单位完全不涉农，第一书记在原单位的工作内容与"三农"也无关联。

"我们科协主要做科普，跟农村还挂不上边，村里也没有

---

① 数据来源：北京市第一书记志愿服务总队。

这个需求。"

——A 区第一书记 S009

部分选派的第一书记不仅在党建、乡村产业发展等方面存在短板，而且个人的沟通能力、与人交往能力等也不强，在面对农村错综复杂的局面时掌控力存在不足。

"第一书记应该具备哪些能力，我的感受就是直接面对老百姓处理复杂问题的能力需要提高，比如平心静气地说话，到农村工作就是各种小事都找你。"

——H 区第一书记 NG993

因此，选派第一书记时首先应该注意单位的匹配性，对于资源动员能力强的优先选派到集体经济薄弱村，对于党建较强的要优先选派到软弱涣散村。其次要注重选派个人能力强、为人正直、勇于进取的人员。

二、 多重原因制约第一书记驻村工作

由于各级部门和企事业单位所选派第一书记的工作经历、工作性质以及个人阅历不同，部分第一书记对农村工作不了解、不习惯，因此也会遇到不同问题。

根据调查问卷统计发现，第一书记在基层工作中遇到的最大的三个问题分别是"可利用资源少""第一书记权限定位不清楚"及"面向村庄的项目缺长远规划"，所占比例分别为 71.0%、63.7% 及 52.6%，均超过 50%（表 8-2）。另据对某第一书记的访谈，他表示"第一书记排'第几'成为各方的疑问，有的村只把第一书记当作文稿的起草者、活动的拍照者"，这都是第一书记职责定位不清的表现。

表 8-2　第一书记驻村工作过程中遇到的主要问题

单位：%

具体选项	是否选择	
	否	是
与村民关系处理不好	98.9	1.1

（续）

具体选项	是否选择	
	否	是
与村干部关系处理不好	97.7	2.3
身体不好	96.6	3.4
工作没有成就感	90.1	9.9
原单位的工作需要处理	86.3	13.7
福利待遇差	83.8	16.2
工作上和上级协调不畅通	83.2	16.8
第一书记工作经费不能及时拨付	81.7	18.3
原来的职位已经有新人顶替	81.0	19.0
下乡成本高	74.4	25.6
乡镇政府担当不足（短期行为多）	74.1	25.9
工作压力大	71.8	28.2
两委班子不团结	69.3	30.7
无法兼顾家庭	67.9	32.1
面向村庄的项目缺长远规划	47.4	52.6
第一书记权限定位不清楚	36.3	63.7
可利用资源少	29.0	71.0

注：问卷中本题为多选题，笔者按选择比例进行了排序。

第一书记面临问题中所占比例在25%～35%之间的有以下五个问题："无法兼顾家庭""两委班子不团结""下乡成本高""乡镇政府担当不足（短期行为多）""工作压力大"。其中有两个问题是第一书记面临的机制问题，"两委班子不团结"会极大制约第一书记开展实际工作的效率，而"乡镇政府担当不足"则会限制第一书记工作方式方法创新，这两方面都会增加基层治理的制度成本。其他三个问题中，"工作压力大"涉及对第一书记的考核，"下乡成本高"与"无法兼顾家庭"则要考虑第一书记工作的综合成本，而不仅仅是经济成本，这两个问题都需要相关政策在未来调整中进行观照。

第一书记驻村工作过程中遇到的其他问题虽然占比相对较小，但仍需引起足够重视，比如"原来的职位已经有新人顶替"，这一问题所占比例接近两成，且前期对第一书记访谈过程中也了解到此问题，可见该问题亟须上级政府重视，这与中央对第一书记"下得去"的要求不一致，无法使第一书记"安心"工作。此外，统计发现"第一书记工作经费不能及时拨付"这一问题的占比也达到18.3%，这一比例虽不高，但要求相关政府部门对第一书记的经费支持及管理规定仍需进行自查。"福利待遇差""工作上和上级协调不畅通"这两大问题所占比例基本相当，均约16%。"原单位的工作需要处理"的所占比例为13.7%，这与北京市对第一书记工作"第一书记全脱产驻村工作、任职期间与派出单位工作完全脱钩"的纪律要求相悖，因此，需进一步强化监督。

为了进一步反映第一书记的工作压力，笔者将第一书记遇到的各类问题划分为三类压力，个人家庭压力、实际工作压力、体制机制压力（表8-3）。

表8-3　第一书记工作压力与驻村工作各类问题对应

压力类型	驻村工作问题
实际工作压力	与村民关系处理不好
实际工作压力	与村干部关系处理不好
个人家庭压力	身体不好
体制机制压力	工作没有成就感
实际工作压力	原单位的工作需要处理
体制机制压力	福利待遇差
实际工作压力	工作上和上级协调不畅通
实际工作压力	第一书记工作经费不能及时拨付
体制机制压力	原来的职位已经有新人顶替
体制机制压力	下乡成本高
体制机制压力	乡镇政府担当不足（短期行为多）
实际工作压力	工作压力大
实际工作压力	两委班子不团结

（续）

压力类型	驻村工作问题
个人家庭压力	无法兼顾家庭
实际工作压力	面向村庄的项目缺长远规划
体制机制压力	第一书记权限定位不清楚
实际工作压力	可利用资源少

将前文问题占比转化为得分，结合各类压力类型，进一步计算各类压力得分，可以看出，第一书记工作中面临的实际工作压力得分最高，达到234.7分，其次是体制机制压力，得分达到160.3分，个人家庭压力得分为35.5分（表8-4）。可见第一书记所面临的实际工作压力最大，并且更多表现在村庄对第一书记的压力上。

表8-4　第一书记工作压力与驻村工作各类问题对应得分

压力类型	对应问题	对应问题数	总得分
实际工作压力	与村民关系处理不好、与村干部关系处理不好、原单位的工作需要处理、工作上和上级协调不畅通、第一书记工作经费不能及时拨付、工作压力大、两委班子不团结、面向村庄的项目缺长远规划、可利用资源少	9	234.7
个人家庭压力	身体不好、无法兼顾家庭	2	35.5
体制机制压力	工作没有成就感、福利待遇差、原来的职位已经有新人顶替、下乡成本高、乡镇政府担当不足（短期行为多）、第一书记权限定位不清楚	6	160.3

注：总得分以表8-2中第一书记选择"是"的比例加总得出。

"各级组织和干部的期望很高，越是基层的组织对第一书记的期望越高，因为他们觉得村里来了'能人'，而区里也觉得市里有资源，但他们的期望越高，第一书记的压力就越大。对第一书记的期盼主要是两个方面：能不能带来钱和资源，能带多少项目和钱过来。如果带不来，那期望就变成失望了，所以第一书记也不好做。"

——D区第一书记 P098

上述访谈更深入体现了第一书记工作压力的表现，对于直接工作的场域——村庄，不同主体的期望更多是资源下乡，但并非所有第一书记都有资源和渠道，这种资源贫乏压力是第一书记实际工作压力的主要表现。

三、 第一书记收集百姓需求的路径有待优化

第一书记作为上级下派的驻村干部，其中一项重要职责就是收集百姓的需求信息，其工作方式的针对性关系到基层百姓真实需求信息的收集效果。但实际上，第一书记收集百姓需求的方式集中于村干部或村民大会等正式路径，而缺少直接与百姓进行需求对接的非正式路径。

经问卷统计分析，第一书记收集老百姓需求方式的综合得分最高的是"通过和村干部聊天"，得分为 4.67 分；其次是"通过参加村民代表大会了解"，得分为 3.29 分；再次是"通过到访老百姓家了解"，这一工作方式得分为 2.64 分，与得分最高的"通过和村干部聊天"差距为 2.03 分；而"老百姓上门反映"的工作方式得分最低，为 2.29 分（表 8-5）。从以上收集村民需求方式的综合得分可以看出，基于便利性和快速融入角度考虑，第一书记收集老百姓需求信息的方式是理性选择，但从"接地气"和"农民视角"考虑，第一书记应进一步加强直接与老百姓对接需求的方式方法。

表 8-5　第一书记收集老百姓需求的方式综合得分情况

选项	平均综合得分
通过和村干部聊天	4.67
通过参加村民代表大会了解	3.29
通过到访老百姓家了解	2.64
老百姓上门反映	2.29
其他	0.06

注：考虑权重，即第一位为 3，第二位为 2，第三位为 1。

进一步对第一书记收集老百姓需求方式的排序进行统计分析，结果印证了前文基本结论，第一书记收集老百姓需求的顺序在四个排序中所

占比例均为最大，且对应上表中各项综合得分的排序（表8-6）。

表8-6　第一书记收集老百姓需求的方式排序

具体选项	排第一位		排第二位		排第三位		排第四位	
	频数	占比（%）	频数	占比（%）	频数	占比（%）	频数	占比（%）
通过和村干部聊天	207	82.5	21	8.4	14	6.1	6	3.9
通过参加村民代表大会了解	23	9.2	153	61.2	18	7.8	22	14.5
老百姓上门反映	6	2.4	35	14.0	112	48.5	35	23.0
通过到访老百姓家了解	15	6.0	40	16.0	85	36.8	86	56.6
其他	0	0.0	1	0.4	2	0.9	3	2.0

四、　原单位对第一书记的工作支持有待加强

第一书记作为连接基层乡村与上级政府的桥梁，资源动员能力关系到驻村工作的成效，也就是派驻基层第一书记的原单位支持对其顺利完成工作至关重要，但调查发现，部分第一书记仍无法全职驻村工作。

> "驻村工作还不能完全做到全职驻村，原单位的部分工作还得做。如果真的不再负责，领导是会有意见的。毕竟一般还是要回去的，要分清楚哪个是'娘家'，会有这个压力。"
>
> ——E区第一书记Y300

此外，有的派出单位没有真正选派精兵强将，而是选派下属单位人员，统筹资源能力不足。而这些第一书记自身也农村工作经验不足，了解帮扶政策不多，积极性不高。尽管根据相关政策要求"第一书记坚持全职驻村工作服务，党组织关系转到村"，但第一书记制度规定2年驻村工作结束后返回原单位，因此对第一书记而言，从长远理性看，继续承担部分原单位工作成为难以回避的责任。同时这也反映了部分选派单位在第一书记工作支持方面存在一定折扣现象。而一些第一书记担心返回原单位后被边缘化，这也是其无法全身心驻村工作的

重要原因。

> "第一书记个人的成长机制不完善，存在挂职 2 年后回到单位成为'边缘人'的现象，比如原单位发生机构改革，那么怎么保障第一书记任期结束后的岗位和待遇，这些都没有明确规定。"

——A 区第一书记 L001

综上，由于制度原因，一些第一书记还无法全职驻村，部分选派单位限于自身工作内容也不愿选派"精兵强将"，这反映出部分第一书记还无法得到原单位的足够支持。

五、 对第一书记的培训质量有待提升

（一）对第一书记的教育培训针对性有待提高，培训内容未能与时俱进

通过对第一书记的访谈发现，第一书记不仅对培训内容的需求有主次之分，在培训质量方面，他们也认为目前的培训针对性不足。

> "没有面向第一书记不同任职阶段、不同村的发展阶段来分类培训，有的培训班授课内容重复，老师水平不高，缺乏吸引力。"

——C 区第一书记 ZJ490

> "在教育培训上，我觉得核心是缺少针对性，感觉没有一个我觉得听着过瘾的课程。"

——A 区第一书记 L001

> "我以前没搞过党建，一直是业务干部，按规定第一书记到村里后首先要抓党建，那党建这块怎么抓、如何抓，没有一个特别具体的培训。又比如怎么建合作社，应该在培训上给予重点考虑。还有惠民生方面，具体到农村这块都有什么政策，帮扶残疾人也好、帮扶低保户也好，市里有什么具体措施，现

在的培训还是不够。"

——H区第一书记GX003

由上述访谈可以看出，首先，第一书记对培训的需求并未得到针对性满足，尤其是基层党建、乡村产业发展、农民合作社等农村发展、组织建设领域的培训还较少。其次，第一书记所在单位及其岗位职责也与党建、农村产业发展的需求不匹配。最后，目前的一些培训更多停留在理论层面，实践层面的培训较为欠缺。因此，应进一步增强培训的针对性，并且配强培训师资，增强培训效果。

（二）涉农政策培训不到位

政策的理解与传递对第一书记开展工作具有重要影响，尤其是各项惠农政策，对第一书记工作的顺利开展具有重大影响，但目前针对第一书记的政策培训还存在较大的不足。

"我是跨区选派的，刚去的时候因为跨区对政策不了解，而且各个区不同口的政策文件也不一样，包括农口的政策，这是刚驻村时最大的问题。"

——E区第一书记SJ010

培训形式、培训内容等培训因素与第一书记需求不匹配带来第一书记对各项涉农政策的理解不足甚至产生偏差。部分被访谈第一书记也提出自己所驻村庄可以通过发展合作社的形式把农民组织起来对接市场，但培训的内容没有这一项，可见针对第一书记的培训机制目前还不到位。

六、　多主体视角的第一书记角色差异与治理消解

第一书记驻村工作中的角色定位对其工作积极性、主动性、目标性具有重要影响。在派驻过程中，第一书记会面对不同的治理主体，而不同治理主体对其角色定位的认知以及其自身角色自评的不同使其工作推进面临不同的困境。

（一）组织部门视角的第一书记角色定位——弱势参与

我国的第一书记制度是自上而下发起的，组织部门是第一书记选派工作的直接参与者和主导者。

> "第三批第一书记要带着任务、带着责任、带着重托，认真履职尽责，主动与村两委班子成员协调配合，团结党员干部群众，做到谋事不争权、工作不旁观、补台不拆台、帮忙不添乱、到位不越位，帮助理清工作思路、完善工作机制、提高发展能力、解决实际问题。"
>
> ——北京市组织部门对第一书记的定位

可以看出，第一书记与村干部的关系是"协调配合"，定位是"参谋"。区级组织部门进一步明确了第一书记与村两委干部的相关地位和关系。

> "区里的组织部部长就说村支书是第一位的，我们是协助，这给了我们一个明确定位。"
>
> ——A区第一书记T100

此外，据媒体报道，京郊某区委组织部副部长也强调：第一书记要发挥协助作用，与村党支部书记一起抓班子、带队伍；要发挥协调作用，争取内外部资源，抓项目、促发展；要发挥协同作用，紧紧围绕党委中心工作，谋划工作、推进工作。可见第一书记在村庄主要是协助配合村两委干部工作，实际上形成了"在村支书领导下，第一书记辅助协调工作"的局面。但调研中部分第一书记对组织部门这一定位并不完全认同。

> "第一书记定位一开始没写清楚，组织部门也需要综合考量，否则去村里后处理不好各种关系，反而给村里添乱。建议比如给一个'一票否决权'等，即虽然这个事不是我一个人说了算，但我有否决权。从制度设计上应该给第一书记发挥作用的空间。"
>
> ——I区第一书记Z167

从上述第一书记访谈中可以看出，尽管明确了第一书记与村支书等村干部之间的协调配合关系，但如同任何一个组织在运行过程中需要一个最终决策者或类似于集体决策一样，科学决策的前提是决策者能够有远见，或能够集中集体智慧，上述第一书记的实践回馈则表明第一书记与村干部之间的权力关系并未理清，存在权责模糊，而且也无法发挥第一书记对村干部的监督作用。第一书记属于下派干部，其来到现有的乡村治理场域，如果要开展工作，必然涉及资源、权力等的争夺[35]，如果无法获得足够的支配性资源，其必然无法改变自身在场域中的空间位置，甚至可能会被边缘化。

（二）选派单位视角的第一书记角色定位——认知偏差

选派单位作为第一书记的"娘家人"，对其支持力度和支持可持续性是其开展工作的重要保障，选派单位对第一书记工作的认知决定了其是否能深度参与帮扶。

> "驻村第一天，我们领导把我送到村里说了一句话，'量力而行，尽力而为'。"
>
> ——D区第一书记W180

> "我们主管领导说你来了就要帮忙不添乱，拿出自己最大的能力，有什么资源拿出什么资源，能给这个村贡献多少就贡献多少，用你自己的行动，不管开会也好、做工作也好，去影响身边的人。"
>
> ——B区第一书记YZ188

从上述访谈可以看出，选派单位对第一书记工作是一种持保留意见的支持态度，选派单位对第一书记这一角色仍定位为"局外人"角色，这与政策对第一书记的职责定位、驻村年限及激励机制相关。选派第一书记驻村工作对选派单位而言是从"讲政治"的角度的"行政命令式"的要求，但选派单位的性质、业务、资源动员能力等差异明显，有的选派单位自身也缺少工作人员，如一些乡镇政府，因此他们自然无法派出"精兵强将"；而有的选派单位单纯是为了提拔某

个干部，第一书记工作恰好满足了这一契机。可见，选派单位因为
不同原因选派第一书记，不同选派单位对第一书记工作的理解也不
同，因此他们对第一书记的角色认知就存在一定的偏差，有的甚至
并不重视。

> "某种程度上，第一书记工作就是一项任务，村里也把这
> 个当成一项任务，上面也把选派第一书记当成任务。"
>
> ——H 第一书记 M457

重完成任务、轻实际需要，使帮扶流于形式。有的单位在选派
乡村帮扶干部时，不从乡村实际需要出发，而是重点放在完成选派
任务上，选派人员与实际需要脱节，对于农村工作摸不着头脑，迟
迟进入不了状态，在农民心中引起不好的反响，被称为来"镀金"、
走过场①。

（三）第一书记视角的自身角色定位——弱嵌入、辅助与角色矛盾

第一书记作为直接参与帮扶的主体，自我角色定位是其内在工作积
极性的重要影响因素。通过调查，第一书记在实践工作中对自身的角色
定位尚不明确，出现三种不同的定位倾向。

1. 强党建、建制度背后的弱嵌入

通过调查，部分第一书记结合自身工作，认为第一书记主要定位是
强党建、建制度。

> "第一书记主要工作是把两委班子团结起来，班子稳定是
> 前提，所以要协调关系，加强党建，把大家组织起来，争取项
> 目，做规划，解决村里矛盾。"
>
> ——A 区第一书记 L001

> "我觉得作为第一书记，工作往大了说其实就两点，一个
> 是抓党建，一个是开展帮扶。"
>
> ——H 区第一书记 GX003

---

① http://dangjian.people.com.cn/n1/2019/0509/c117092-31075266.html.

"第一书记应该抓班子，建队伍。"

——B 区第一书记 SZ356

由上述访谈并结合第一书记的工作职责要求来看，"强党建、建制度"是第一书记的关键职责所在，但党的基层组织建设并非仅凭第一书记一人就能强起来。部分第一书记对于建强基层党建之所以有信心，这与其性格主动、资源动员能力足、上下连接作用强有较大关系，多数第一书记在进入乡村社会这一"熟人社会"后，还是会主动寻求弱嵌入，尤其是对部分基层党组织软弱涣散的现象既无心也无力过多干预，他们对自己的角色定位首要是"黏合剂"。

2. 助力与辅助

基于自身的工作实践角色定位与政策角色定位不同，部分第一书记对自身的定位是助力、"推车""补胎"等辅助定位。

"我在村里主要起一个黏合剂的作用，实际上咱们的初衷就是帮忙不添乱，当参谋出主意。"

——F 区第一书记 F001

"第一书记可能更多是起助力的作用。"

——F 区第一书记 ZNS

"第一书记是'补胎'的，不是'装轮胎'的。第一书记就是去给村两委'推车的'。"

——G 区第一书记 C212

"工作中就像部队的团长和政委的关系，村主任是团长，第一书记是政委，没有谁领导谁，单纯是相互配合，村主任绝对是大头，第一书记来当参谋。"

——C 区第一书记 LC839

"第一书记作为村里发展的助推器，同时是一个发展的桥梁和纽带。"

——D 区第一书记 P098

上述访谈反映出部分第一书记对自身的定位是对各类乡村治理出现问题后的"修补者"角色，而非"更新者"或"重装者"。在乡村治理中，第一书记主观角色认知主要是辅助治理，主导权仍在村两委，可以看出第一书记参与乡村治理时"尽量不惹事"的逻辑考量，这与政策中对第一书记的要求"带领村两委开展工作"存在一定悖论。如果第一书记仅仅是辅助，只是"修补"治理漏洞，那在第一书记离任后即使新选派来第一书记，其对自身的角色定位也可能存在路径依赖，不利于净化软弱涣散村乡村治理的政治生态。

3. "二等"书记

第一书记驻村工作中如果能够顺利融入村庄、被村庄接纳，其工作顺利开展的概率就较大，但这样的前提并非每个第一书记都能达到。

"第一书记都是虚名，还不如叫驻村干部呢。"

——E 区第一书记 SQ125

"别叫第一书记了，还不如叫第二书记呢。"

——I 区第一书记 G092

"关于第一书记到底排第几，有两个方面的描述：一个是在乡镇党委的直接领导下，带领村两委干部抓党建、促发展、惠民生；同时，还有一个描述就是协助村书记抓好党建工作。这个定位有矛盾的地方，不利于第一书记发挥联系上下左右、团结干部的作用，甚至第一书记还被当成了文稿的起草者。"

——A 区第一书记 L001

上述访谈资料表明，部分第一书记对自身在乡村治理结构中的定位是弱势的，尤其是村干部较为强势时，其会更多感受到工作压力，甚至在示弱中不断被原来的治理结构所吸纳，工作成就感与主动性在弱势治理与责任治理（要完成驻村任务）之间徘徊，对于乡村治理结构重塑、治理主体更新等方面无法有效创新，出现角色定位的矛盾。

创造性地开展工作，争当乡村振兴的"助推器"和"加油员"，这是不少第一书记展现出来的精神风貌。有人说，第一书记的工作是个良心买卖，既可以修修补补，也可以主动作为①。

专栏：主动作为的第一书记

"来'镀金'的""来捂事儿的""一年能给我们涨股钱涨个十万八万的吗?"到村伊始，群众对第一书记的偏见和期望，让门头沟区东龙门村第一书记蓝盛斓感到十分为难。除此之外，每天十几人"轰炸式"的信访也让她有些手足无措。

面对不解，身处困境，第一书记需要真心、耐心和群众工作法。通过走村串户，蓝盛斓找到了群众信访的症结，她采取"耐心倾听，认真记录，谨慎答复"的三步工作法，用真诚的态度赢得了村民认可。对于群众反映的问题，她从规范程序和制定制度入手，做到事事有回应，小意见马上整改，大问题集体协商，这让村民一下子增进了对第一书记和村干部的理解与信任。

（四）村民视角的第一书记角色定位——希望与失望并存

第一书记驻村工作的一项重要职责是"为民办事服务"，但由于自身角色定位不清，导致其面对村民来寻求帮助时无法都有效解决问题。

> "我干了一年半了，刚去的时候角色定位没找准，村干部或村民就想我来了到底要干什么、能干什么、干得了还是干不了，我个人感觉是这种情况，因为老百姓很现实。"
>
> ——J 区第一书记 HR

> "村里一些人想反映问题，但又觉得没用，因为别人总会想着你干两年就走了。"
>
> ——B 区第一书记 NKS

> "一开始一些村民认为第一书记是来发钱的，所以首先要

---

① http://dangjian.people.com.cn/n1/2019/0509/c117092-31075266.html.

改变村民的观念，他们的观念刚开始就错了。"

——C区第一书记 LC839

从上述访谈可以看出，村民对第一书记的到来是持怀疑态度的，由于第一书记驻村工作时间较短，如果无法打破、完善原有的治理格局，外加村庄各种历史遗留及治理矛盾较多，村民对第一书记解决问题就不会抱很大希望。实际工作中，部分第一书记驻村工作得到了村民的支持，甚至换届选举时被选为村支书，但这并不能完全认为是第一书记得到了村民认可的结果，而可能是第一书记为村民办了实事，叠加村民对村干部不信任所带来的"选举替代"结果。

（五）乡村两级视角的第一书记角色定位——基层事务的衔接者与承接者

第一书记驻村后能否重塑乡村治理的一个关键因素是村干部对第一书记角色的定位，尽管第一书记主要承担的是"强党建、惠民生、促发展"的工作，但在"党建引领"的政策导向下，第一书记实际上要关注的是党建引领下的各项工作。

> "农村工作要发展，不能光指着第一书记这支队伍，第一书记派下来后，不能因为第一书记能干，就所有的事都找第一书记。你能干，你能写，不管上级还是各个科室所有的事情都来找你，累得你够呛。"

——H区第一书记 GX003

> "我们处于农村基层，奋斗在一线，而一线活儿比较多，可能会导致大家情绪不太积极，好多第一书记到了村里就是写写材料，正事干不成几样。"

——H区第一书记 L008

> "琐碎的任务比较多，镇里各个口都找我，因为我们村会操作电脑的没几个，所以日常的村务工作也归我，写东西也归我。"

——G区第一书记 JX559

"村主任在第一书记来之前没有什么期望，但现在希望村里能来有文化的人，而且也觉得第一书记来是代表组织部，能带来资金。另外，第一书记能帮着写东西，负责对外的联系，带来新的视野，运用社会关系资源为老百姓服务。"

——C区第一书记LC839

由上述访谈可以看出，第一书记在与乡村两级的互动中逐渐成为承接乡镇交付村一级工作的"苦差"，在村一级则成为解决村民问题的"挡箭牌"和准"大学生村官"，甚至一些第一书记直接讲自己的工作就是"整理档案""写发言稿"，自己的工作重心转为帮村支书等村干部完成他们写材料的工作，在此过程中，第一书记逐渐成为乡村两级工作传递的"衔接者"、村级工作的"承接者"。这反映出以下问题：首先，伴随资源下乡的治理技术更新在乡村尚无有效的承接主体，这与乡村振兴中的人才缺乏有关；其次，乡村干部对于城市化进程中的村民各类诉求主动回应的意愿不足，尽管村民的诉求不一定都合理，但采取拖延、避而不见等消极方式显然无助于乡村治理有效；再次，第一书记承担过多琐碎的工作会产生本末倒置结果，无法完成本职工作和其他更重要的工作，如完善党建、振兴产业等；最后，乡村两级干部对第一书记角色定位的错位带来基层临时治理的路径依赖，乡村内部村干部的治理能力得不到提升，内生动力无法激活，结果便会带来乡村治理能力的"原地踏步"。

七、 第一书记权责不对等

对于第一书记的权责不匹配问题，部分研究者指出，"上级下派到农村的扶贫干部要承担农村经济发展、政治维稳、社会建设等多方面的责任，但是并没有配备与之相适应的权力[36]"。通过调查发现，第一书记的权责不匹配体现在不同方面。

"现在第一书记没有参与到村里的实际财务管理，哪怕是我们自己争取的经费，有的第一书记包括留任的提出来，村里就说你们第一书记不要想着争取资金，你要想你是掌控不了这

129

个项目的。村里有理财小组，我们第一书记是不是应该参与到理财小组，适当有建议权。"

——D区第一书记W180

由上述访谈可见，第一书记对自己的工作经费、所引进的项目等均无主动权，也无建议权，更无监督权，那么无论是从项目的执行程序看，还是从第一书记的自我保护看，都反映了第一书记权责不匹配。结合前文中选派单位对第一书记"尽力而为，量力而行"的定位，第一书记工作的积极性只能依靠"一厢情愿"来实现，他们在帮扶过程中的选择更多将是"量力而行"。尽管被访谈的部分第一书记希望通过加强第一书记在村中的地位来促进权责匹配，但因第一书记的工作性质、职责定位、乡村治理结构、治理文化及工作任期等影响因素都不可能完全实现上述目标。

八、 第一书记驻村时效不足，工作衔接机制有待强化

工作效果是决定工作质量的关键。尽管第一书记有很多愿意继续驻村，但按照政策，目前的驻村时间普遍是两年，留任的第一书记比例较小，这就影响第一书记的工作时效。

"两年对一个第一书记来说确定不够施展本领，第一年熟悉情况，第二年刚开始有工作思路，然后任期就结束了。"

——B区第一书记SZ356

这表明从工作效果看，第一书记驻村工作时间应适当延长。此外，按照选派第一书记的惯例，通常是"一对一"帮扶，即一个部门对接一个村，但即使如此，同一部门不同第一书记的工作也不一定完全衔接，如D区某第一书记表示前任第一书记争取的项目自己无法支配，因为缺乏一个离任审计机制。

"区里第一批第一书记有五十万元项目经费，本来说是用于村里的饮水项目，但我到任后这五十万元还在账上，前任第一书记没用这笔经费，而且也没有明确是否改为其他项目或让

后任第一书记使用的规定，所以这五十万元现在说不清。"

——D 区第一书记 W180

此外，对于组织选派继任第一书记时由于人员紧张而不得不重新组织其他部门选派的情况，由于不同第一书记的专业领域不同，所开展工作重点也不同，因此工作衔接方面也会出现"断档"。

九、 第一书记作用发挥还存在不同的制约因素

（一）家庭因素

根据政策规定，第一书记在驻村过程中要求全职驻村，很多第一书记驻村地点均为京郊山区或偏远地区，距离城市较远，而第一书记多数居住在城市，因此驻村后必然无法兼顾家庭，尤其是对于部分"上有老下有小"的第一书记，驻村工作使其在家庭的角色出现缺位，也一定程度上影响了第一书记的工作。因此，在选派第一书记的过程中仍需注意第一书记的家庭状况，尽量避免选派家里老人小孩都需照顾的人员。

"咱们现在都说最光荣的事业就是奋斗在扶贫的第一线，组织上培养了我们，只是大家抛家舍业，顾不上家里，家人生病什么的自己也靠不上，觉得愧对家属。"

——H 区第一书记 LT932

（二）乡村规划因素

在当前乡村振兴战略实施过程中，各类涉农项目是促进乡村振兴的重要抓手，包括旅游项目、产业项目、乡村规划项目等都涉及土地建设指标不足的问题。

"像我们村是险村搬迁改造，想做点什么项目也没有建设用地。"

——H 区第一书记 SJ160

第一书记驻村工作的普遍想法是通过引入涉农项目来带动乡村产业发展，但当下的各类国土控规都对建设用地指标有严格要求和限制，尤

其是近年来"大棚房"整治和"疏整促"政策的实施都对京郊乡村发展带来一定的用地制约。用地限制导致第一书记有心无力，表现为"巧妇难为无米之炊"，因此这也在一定程度上影响了第一书记工作的开展。

（三）资源动员能力

资源动员能力是第一书记驻村工作的重要影响因素，这里包含选派单位"娘家人"的资源支持及第一书记自身的社会资本资源支持。尤其是部分第一书记在融入村庄过程中能否被接纳，其中的资源引入是重要的因素。

> "现在就是直接把你放一个村，没有工作队，如果你能力强可能好点，能力弱了就是单打独斗。"
>
> ——H区第一书记 S669

> "个人的社会资源那就没谱了，纯看个人能力，八仙过海、各显神通，也不好监管。"
>
> ——H区第一书记 GX003

从上述访谈可以看出，第一书记的资源动员能力对其工作效果的影响较大，但个人社会资本具有个体化特征，并非每个第一书记都具有丰富的社会资本和社会网络。

选派单位的支持同样重要，但部分被访谈第一书记表示依靠单位资源支持也存在不可持续性问题，尤其是通过消费扶贫可能带来逆市场化问题，而且也容易产生对此类扶贫方式的路径依赖。

> "利用原单位帮扶就有一个问题，不能说村里产点东西没地方卖了，就都弄回'娘家'单位卖，市场上10元/千克，您弄回'娘家'单位卖60元，你一次、两次帮扶可以，但不能到点就来、高价卖、没完没了。"
>
> ——H区第一书记 GX003

第一书记驻村工作的关键一点是对村庄的资源导入能力，而该项能力不具有公共性，更加具有个体性和单位性，且后者尤甚，单位的组织能力强，其对第一书记的支持就较大，第一书记短期内就能较好开展工作。反之，第一书记在融入村庄的第一步可能就会受阻，而且从长远看，村庄的脱低、发展、振兴关键还需依靠内生动力，无论是第一书记个体社会资源导入还是选派单位的资源导入，都具有临时性。

（四）工作职责

由于工作角色定位不明，第一书记的工作难免遇到各类问题，尽管按照政策要求，是第一书记"带领"村干部开展工作，但实际工作中的角色与村干部的关系又不明确。因此，第一书记在工作中就面临工作职责不明的限制。

> "村书记不会跟你说让你干什么具体的事，因为没有人给你派任务。我就想着干点什么，应该联系谁，给这个村子带来点什么。"
>
> ——B 区第一书记 YZ188

第一书记的工作职责不明，则工作目标性就不明确，必然影响第一书记的工作绩效。

（五）经费因素

根据政策，每位第一书记每年有 2 万元工作经费，但是第一书记在驻村工作中所面临的工作内容多样，日常的各种支出也较多，现有的经费支持尚不足支持正常的工作。如被访谈的一位第一书记表示，自己半年时间就将 2 万元经费支出了，目前在倒贴钱开展工作。

> "除了市区给的 2 万元工作经费外，有些区或乡镇做了一些探索，给了一些配套资金。但大多数是没有相关配套资金的，就 2 万元工作经费，根本干不了什么事。没有经费没有钱，我们第一书记说话是软的。"
>
> ——A 区第一书记 L892

政府选派驻村第一书记在乡村开展工作的经费保障是其工作的重要支撑，特别是一些与第一书记实际开展工作相配套的项目经费支持更加关乎第一书记的工作进程。

十、 第一书记工作协调机制不完善

第一书记在基层工作需要来自外部部门的指导和支持，尤其是派驻村所在区政府的支持，但目前的工作协调机制尚未完全建立。

"跟上级的沟通或指导应该加强一下，尤其是规划的指导方面，涉及镇的、村的发展，哪些地能用，哪些地不能用，村里能发展什么，不能发展什么，我根本不知道。我去了之后就是自己一点一点摸索，这种摸索费力不讨好，走了很多弯路。"

——E 区第一书记 WD006

"办事的流程，具体到一个事的推进、一个项目的申请，我们都需要自己去摸索。这些都需要上级对第一书记在规划、产业政策、办事程序等各方面进行辅导和培训。"

——E 区第一书记 BZ335

条块分割是我国行政体制的重要特征，也是我国社会治理行政改革的关键环节。第一书记在驻村工作中的角色可能既不属于"条条"，也不属于"块块"，尽管政策规定其党组织关系转到村里，并由乡镇领导，但任期规定、挂职晋升预期等制度原因都使其更像基层治理环节的"局外人"，不仅乡镇对其的领导较为松散，而且村级层面对其也存在不重视的情形。第一书记到村工作后的各项工作开展会涉及不同部门、不同政策、不同领域，"局外人"角色使其在整个乡村治理链条中的作用仅属于"锦上添花"而非"雪中送炭"，缺乏政策培训、协调机制不仅浪费了第一书记的人力资源，而且也不利于实际的帮扶成效。

十一、 结论

第一书记在驻村工作过程中面临各种挑战和问题，其中既有结构层面，也有体制机制层面的问题。

市派第一书记所驻村庄主要在非软弱涣散村和低收入村，这与"能力越大责任越大"的民众期待不完全相符。同时，第一书记专业性与村庄需求还存在不匹配；第一书记工作动力源不足、角色定位不清晰是制约其工作成效的重要因素，其在实际工作中的压力也较大。在工作中，相对于村庄原来的治理机构，第一书记属于外来的嵌入型角色，为了融入开展工作，而且组织层面要求第一书记带领村干部做好相关工作，因此第一书记收集百姓需求的方式就主要依赖村干部，而缺少直接与村民对接需求的路径。

原单位对第一书记的工作支持仍有待加强，实际上，第一书记驻村工作的重要支持来源于原单位，因为个体社会资本差异明显，原单位支持力度如果不足，在第一书记自身社会资本又缺乏的情形下，其工作方法和举措必然会"捉襟见肘"。对第一书记的培训针对性还不强，培训内容重复、不接地气等问题仍然存在，由于多数第一书记工作的原单位与农业领域并无交集，第一书记自身也缺乏对农村真实生产生活的了解，尽管存在第一书记培训环节，但培训的质量仍有待提高。组织部门、选派单位、第一书记自身、村民、乡村两级等不同主体对第一书记的角色认知存在差异和冲突，这使第一书记参与乡村治理存在消解倾向。第一书记的权责尚不对等，权责不对等往往会对当事人带来风险和压力，难以产生工作激励作用。第一书记驻村工作时效不足，工作衔接机制尚未健全。此外，还存在家庭因素、乡村规划因素、资源动员能力、工作职责、经费因素等影响第一书记作用发挥的因素。最后，第一书记工作还缺乏协调机制，不仅包括直接领导第一书记工作的组织协调，也包括第一书记与驻地各级政府的工作协调。

第九章 反思：第一书记视角的乡村发展问题

一、 乡村治理

（一）行政技术专业化消解资源下乡效率

资源下乡背景下，各类资源的传递都需要符合各类政策规定，除了在乡村两级的资源控制权衔接，自上而下的资源输送也难以绕开区县层面，尤其伴随着行政技术的专业化，区县层面也更深入地参与到资源下乡的过程。

> "比如200万元的项目，区里来给你招标，招标费就不少，而且招标后管理不严，施工什么的还不让村民做主，你也干不成什么。"
>
> ——H区第一书记 WL369

由上述访谈可以看出，区县层面以项目实施规范性为由全面介入资源下乡过程，其中的重要表现就是"招投标"，而且有项目金额条件规定，这一行政治理术一方面反映了上级政府为规避财务风险的行政安全考虑，另一方面又带来以项目为代表的资源下乡缺乏自下而上的工作思考，仍然是自上而下的数字化治理机制。温铁军提出，项目资金到村后"很多部门要求必须招投标，必须得第三方评估，必须得交给那些有资质的公司，其实是给自己的'跑冒滴漏'制造了无数的借口"[①]。在项目下乡过程中，专业行政治理技术不仅带来了资源耗损，而且附着在治理技术上的项目实施过程也带来了农民主体排斥的意外结果。

---

① https：//new.qq.com/omn/20201015/20201015A0FLIZ00.html.

（二）数字治理初衷与实践目标偏离

第一书记驻村工作的重要环节是助力低收入村脱低，而脱低的重要指标是低收入户的减少和增收情况，这是数字下乡[37]的要求。

> "脱低问题对第一书记来说是一个敏感点，因为这个一开始是委托第三方去做的，咱们也不清楚，怎么说都是填数据，乡镇里统计自己的所有口径，到底脱低怎么做我们并不清楚。"
>
> ——A 区第一书记 S009

通过上述访谈来看，数字下乡尽管使国家得以改善基层治理过程中的信息不对称，提高其信息能力，并实现对社会治理的合理优化[37]，但数字治理也掩盖了部分重要的真实信息。在政府通过服务购买的方式衡量脱贫脱低的过程中，被委托方——社会调查公司形成与政府间的委托与被委托关系，尽管表面看是"第三方"，但为了与政府之间后续业务的可持续性，其很难做到完全中立，调研结果也往往会出现"迎合"政府需求的倾向，这是数字下乡第一层面的技术治理偏差。其次，数字下乡中的数字在生产过程中出现生产者和使用者之间脱节的问题。作为推进基层脱贫脱低的关键力量，第一书记对于脱低数据的生产并不掌握，而乡镇政府为了脱低的目标也可能会暗示第三方公司的调查结果要"达成"脱低目标。数字下乡表面上完成了国家治理目标，但由于数据生产者、使用者之间存在脱节和委托关系等原因使国家的脱低目标可能产生技术治理偏差的结果。

（三）村干部问题

1. 村干部工作激励不足

村干部作为乡村治理末端在乡村振兴过程中发挥着重要作用，但村干部待遇低、职业前途不明等都不利于其工作开展。

> "现在对村干部的补贴都是很低的，个人的工资水平和他付出的辛劳明显不对等。"
>
> ——D 区第一书记 W180

"村里能真正担负起工作的人才还是比较少，跟他们讨论过，有点本事的都不在村里，一个月才 2 000～3 000 元留不住人。"

——B 区第一书记 YZ188

"能力强的村干部大部分都出去挣钱去了。"

——H 区第一书记 MG330

"我们村的村干部还行，基本都是读了大专后来升的本科，能力还行，但他不像咱们公务员有职务上的晋升机制，农村没有，村干部就相当于一辈子都在农村。"

——B 区第一书记 CX122

上述访谈分别反映了对村干部两类激励不足的问题：首先，村干部工资较低，与其工作付出不相匹配。其次，村干部作为职业其发展前景并不明确，这在村集体经济发展不同的村庄来看存在不同的结果，村集体经济发展较好的村因能给村干部带来一定的经济激励而能调动村干部的积极性，但村集体经济较弱的村庄则往往会因干多干少一个样而使村干部缺乏工作积极性。同时，村干部工资较低也使一部分能干的乡村精英不愿留在村中工作，这也进一步表明我国乡村振兴在人才方面还存在短板。此外，因为工作付出与收获不匹配也诱使部分村干部利用村干部权力来牟取自己的个人利益，这不仅削弱了基层乡村治理能力和基础，也导致"小官巨腐"问题的出现。

2. 村干部更新滞后

村干部更新滞后表现在村干部老化和工作素质较低等问题上。前述收入与付出的不匹配等原因导致年轻的乡村精英从乡村流入城市使村干部老龄化较为明显；在治理资源下沉、行政下乡的背景下，村干部人员素质低使他们已无法胜任新的工作方式，更多是在被动工作。

"因为村两委的干部不会用电脑，写一个简单信息他都写不了，大学生村官到期又走了，满村只有我会用电脑写东西，所有的事都来找我，而且是越好使就越找我，闹得我一个人顶一个两委班子，而且两委班子也没有动力学。"

——H 区第一书记 GX003

"从某种程度上说，村里的工作都是第一书记在干，我们连大学生村官的工作都干了，还有什么不能干的。"

——E 区第一书记 CY541

由上述访谈可以看出，第一书记在村庄中的工作角色成为村干部的文件"起草者"、现代管理工具的"实操者"。这一方面表明村干部素质滞后于现代乡村治理要求，乡村干部更新较慢；另一方面也表明乡村人才紧缺。在乡村人才方面，尽管国家出台了各类人才政策，如大学生村官、党建助理员、乡村振兴协理员、第一书记等人才政策，但由于工作周期的短期性、人才的城市工作倾向、乡村工作的繁杂性、工作成就感不足等原因使多数外部进村人才都未能长期在村工作，这也要求未来乡村振兴要更加重视人才振兴，尤其是如何激发乡村本土人才的培育、挖掘及吸引。

3. 村干部不团结，存在争权问题

"火车跑得快全靠车头带"是乡村治理有效的鲜明比喻，而村干部是关键一环，但随着市场化、城市化的快速发展，乡村自治组织已嵌入市场经济，作为基层治理主体，一些村干部对于服务村庄意识淡薄，而更多思考如何争权夺利及以权谋私。

"我们村的党员教育管理是个问题，有的素质、觉悟连村民都不如。另外就是班子不团结的话好些事就没法开展，现在就是想办法把班子捋顺。"

——A 区第一书记 W002

"这个村不是没资源，而是村两委干部拉帮结派，党组织软弱涣散比较严重，'三个人八个心眼'。比如，我们全区推煤改电政策时涉及拉线、架线、拔树，在这个过程中，给村里出难题的都是党员干部。"

——G 区第一书记 J003

139

上述访谈反映了乡村基层的政治生态较差。首先，表现在村干部的服务意识淡薄，在个体层面，经济利益大于公共服务。其次，乡村党员拉帮结派现象严重，派系政治特征明显，在此情形下村庄治理结构必然不稳固，尤其是在推进村集体公共事务过程中面临的派系掣肘更多。进一步调查发现，如果村两委团结则有利于村庄公共事务的推进。

　　"村里两委团结，想干些事，愿意干事，能干事，那么开展工作就比较容易。"

——H区第一书记M002

上述访谈表明第一书记在村两委团结方面起到了较大作用，尤其是基层制度、机制的建立，而且村两委班子团结有利于集体行动。但并非每个第一书记都有能力完成制度建设，上述案例并不具有普遍意义，仅说明村两委团结对村内工作推进具有积极意义。

基层政治生态的好坏是乡村振兴的重要组织保障，基层两委软弱涣散的根源与城市化、市场化、商品化的快速发展存在重要联系，基层治理结构、治理主体、治理方式等都存在滞后的问题。无论是村干部的"精致的利己主义者[38]"角色定位，还是派系政治，要解决上述问题，根本是要建立基层治理框架，及时更新治理理念，完善基层党建，强化民主监督机制，在治理过程中充分利用自治、法治、德治的各自优势，在调动村民参与乡村治理积极性方面多做工作。

（四）基层党建问题

基层党组织是国家治理体系的最末端治理主体，关系到党在基层的工作实效，也是以人民为中心理念在基层落实的根本，因此基层党建的好坏直接决定了国家治理现代化的成效。

1. 乡村党组织结构有待更新

乡村党组织结构是党组织功能发挥的重要保障，随着乡村振兴战略的实施，基层党组织在引领、带动方面的作用尤为重要，但我国乡村党组织结构不优的问题仍然存在。

　　"我到村后第一件事就是抓党建，我们村28个党员，老

龄化比较严重，平均年龄是 58 岁，最大的 89 岁，性别比例
也不太合理，女党员只有 4 名，而且文化水平低，初中以下文
化水平基本占到 70％。"

——F 区第一书记 S007

上述访谈表明，乡村基层党组织结构更新较慢，党员年龄大、性别
比例不合理、文化水平低，而党员是带头人，如果党员素质不佳必然无
法起到带领群众致富、促进乡村振兴的作用。

2. 党建制度呈"漂浮"状态，集体观念淡薄

党建制度是基层各项工作有效执行的根本，但实践中的党建制度建
设却存在"虚胜于实"的倾向。

"我们村 240 多户，480 多人在村里，党员 47 个，但党建
'漂'着的多，真的有实效的还是少，乡镇制定了很多党建制
度，但真的回村开会，党员都不是很重视，确实很不好组织，
47 个党员每次也就能回来一半，他们还都会说我的误工费怎
么算。"

——A 区第一书记 S009

上述访谈表明，基层党建的各项制度都健全，但却呈现"漂浮"状
态，这种"制度上墙不上心"的现象突显出基层的形式主义作风。其
次，对于党员开会要求误工费的问题，是经济利益高于组织利益的表
现，市场经济大潮对个体利益的强调使得党员社会集体观念逐渐淡薄，
这也是基层党建面对的挑战。针对上述两类问题，不仅要从人的角度考
虑，也需从制度本身、市场经济转型等背景来思考，长期以来自上而下
的压力型体制对乡村自治带来较大冲击，各项规章制度也消解了村庄各
类自治资源，正式的党建制度与乡村自治的各类非正式制度之间存在不
同的张力，一味强调前者而忽视后者也是基层党建呈"漂浮"状态的原
因。随着市场化、城市化的快速发展，商品化浪潮席卷乡村社会，农村
各类精英包括政治精英——农民党员都纷纷流出农村前往城市打工，时
空限制客观上使其无法现场参加乡村基层党组织会议。无论是制度"漂

浮"还是党员个体经济利益导向都需在社会快速转型与治理现代化背景下进行考量,党建制度改革与新型技术的应用或许是破解上述问题的关键。

3. 党员发展工作遭遇家族势力干扰

当前,基层党组织亟须更新组织结构,包括补充新党员,但在工作开展过程中却遭遇地方家族势力干预。

> "想发展党员确实很困难,村里的家族势力会影响你。"
>
> ——G 区第一书记 H245

> "我去了两年正好发展了两个党员,预备了半年但没通过,然后又作废了,前几年就是家族干预,投票就不让你半数通过,我们村有个村委委员因为对支部一些人有意见,他就让自己家族的人在投票时即使对方合格也不选。"
>
> ——F 区第一书记 F001

在乡村社会,家族是一种以血缘关系为纽带的亲属集团,在我国农村有着悠久的历史,家族势力影响我国农村基层社会治理的传统由来已久,家族势力干扰村委会选举就是一个普遍的现象[39]。家族势力强大的家族会推选代表参与选举,族内各家各户必须无条件支持家族代表[40]。可见家族势力是影响乡村治理的重要主体,家族势力对村级党组织更新的干扰势必影响基层村党组织领导乡村治理的体制机制的构建。

4. 党组织软弱涣散导致村庄治理失序

按照 2019 年 6 月中共中央办公厅、国务院办公厅印发的《关于加强和改进乡村治理的指导意见》,村级党组织是村级组织体系的领导,关乎乡村发展整体大局,村两委的组织力是乡村振兴实现的组织保障。但随着城市化、市场化、商品化等理念不断进入和改造传统乡村社会[41],村级各类组织尤其是村党组织出现了软弱涣散等组织问题。

> "我当时想着先把村风气扭过来,为什么村里环境脏乱差,就是因为没人管,没人管为什么,就是党支部、村委会涣散,没人管,老百姓就肆意妄为了。关键是大家得想到一起,如果

各有各的想法肯定不行。"

——E 区第一书记 WD006

从上述访谈能够看出第一书记对于村级组织的组织力、执行力起到了推动作用，村级党组织尽管属于村级组织体系的领导组织，但毕竟处于乡村社会结构中，因此不可避免要受到乡村文化权力网络[42]的制约。此外，村干部待遇较低也使其对村规民约、各项规章制度的执行及加大执行力度缺乏积极主动性。上述访谈也明显提及村两委的"涣散"问题及团结问题，从组织社会学的角度来看，作为国家治理的末端，基层党组织在日常工作中尽可能降低制度成本是关键，组织成员之间的互信对于组织工作效率至关重要，而组织相关的工作制度也要明确权责一致，否则会产生"磨洋工""出力不出活"等工作低效问题。因此我们可进一步探讨的是，党组织这个核心如果不能凝聚组织成员，必然无法促进乡村治理有效。实际上，党组织软弱涣散只是表象，背后是党组织相关制度如何有效运作并实现村庄公共事务实施的公开、公平与公正问题。

5. 村民与村两委存在不信任

村两委在乡村治理过程中居于核心组织地位，在农业税费改革后和资源下乡等背景下，村民与村两委之间的关系逐渐弱化，从以前的收粮、收税及计划生育等工作转为疏离状态。而在资源下乡背景下，由于村两委是上级政府对接乡村的中介，因此他们实质上就拥有了资源进村后的分配权，又因为村干部与普通村民之间的关系不再紧密，因此"以公谋私""团团伙伙""优亲厚友"等资源偏差分配方式必然会不断产生。普通村民对上级政府的下乡资源有多少？是什么？根据什么条件分配等都可能不了解，由于无法有效参与资源分配，他们便不会关注分配是否公平。因此，村民对村委会便产生了不信任，近年来，随着农民的民主、公正、信任、效率等价值观念进步[43]，村民与村干部之间的不信任关系更为明显。

"我到村后，老百姓都不到村委去，为什么呢？他对村两委失去信任了，村两委也没有威信，想干什么事老百姓不支持，你推进都难。我跟老百姓接触后，他们说，你要听真话，就不要带着村两委的人来，你要是带着就没有任何人给你说实话。"

——G 区第一书记 C212

上述访谈表明村民与村干部之间存在着较强的不信任关系。作为外部治理源，第一书记从驻村初始便致力于干群关系的和谐，通过帮助制定村规民约、树立村级权威等举措改善了村民与村干部之间的不信任关系，但第一书记毕竟不会长期在村工作，一旦结束工作任期，村庄的干群信任关系是否能持续仍是未知。从上述访谈我们还可以看出，一方面干群之间的不信任伤害了党在基层的执政基础，而且不利于村民利益的维护；另一方面会对基层行政组织成员产生"逆淘汰"问题，即一些正直、讲原则、公平公道的村干部可能会受到排挤，并逐步退出村庄的权力舞台，而这也更加不利于干群之间的信任关系建立。

6. 村党组织成员缺乏责任担当

基层党组织软弱涣散的一个重要表现是村干部不担当不作为。一方面是村党组织成员自身能力不适应乡村社会转型所要求的新治理需求。另一方面，村干部对于乡村各类新问题采取回避态度也反映了基层干部在工作上缺乏主动性，他们更多采取的是无为而治态度，即"对上应付，对下对付；无利无为，有利就为[38]"。

"我们村有老百姓上访，但我们书记根本不露面，他就让我和经理接待，他扭头就去干别的事了，其他事也是，有什么重大难题，他就躲，这就是承担问题，有些事他是能搁一天是一天。"

——B 区第一书记 CX122

从上述访谈可以看出，在遇到村民上访时，村干部采取的策略是回避、拖延并寻找"挡箭牌"，大有"甩锅"意图和责任转嫁的行为动机，不符合"小事不出村，大事不出镇，矛盾不上交"等党的基层工作原则，而且实际上村民上访等问题也不是"推、拖、绕"所能解决的。同时也侧面反映了第一书记工作的角色尴尬和无力感，对于村民上访等问题，第一书记仅有建议权，没有决策权，想将工作干好又有心无力。

实际上，村干部只要按制度规则，用心主动办事就能得到村民的认同。

> "这个村多年选不出书记，十多年没发展过党员，现在这个书记是 2015 年 11 月上任，他有企业，想把这个村变个样，所以我也是很幸运地跟他合作。一个村如果要发展好，第一是必须有一个好的书记，第二是有一个好的班子，还有第三就是老百姓的支持，这三点是关键。实际上只要干了一些让老百姓看得到、摸得着的实事，老百姓还是比较认同的，人心都是肉长的，他们看到你干了这些实事后，他们原来的派系就没有那么明显了。"
>
> ——F 区第一书记 P330

上述访谈反映了基层党组织软弱涣散的重要表现即没有新党员补充，而从第一书记的视角看，村庄要发展好需要三个条件：一个好书记、一个好班子、村民的支持，表面上看是"天衣无缝"的。但具体工作中，如何选一个好书记，村两委班子怎样才算好，如果没有前两者，那么村民的支持又从何而来？实际上，上述三个问题恰是决定村两委是否软弱涣散的关键因素。从上述访谈也能看到，有的新任村书记作为村庄经济精英，自己有企业，如果他们担任书记是为全村谋福利那是最好，但如果存在当书记是为了社会荣誉或利用村庄资源实现自己企业更大经济利益的倾向，反而会加剧村庄社会矛盾。上述访谈中村书记为老百姓做了一些实事从而得到部分村民认可也说明，只有村干部主动担当作为、真正从公共利益出发工作，才能得到民众认同。

（五）基层政府行政改革亟待强化

1. 乡镇政府缺乏发展规划

各类规划对我国经济社会发展具有重要作用。实际工作中，我国经济社会的快速发展与各类规划的作用密不可分，规划具有方向性、指导性特征，而且规划具有层级性。

"政府投入分散，特色不突出。缺乏长远规划，主动选择短期目标。"

——H 区第一书记 KL090

"我发现一个最大的问题，很多村庄包括镇里可能都没有规划，没有规划就没法搞项目，所以我们利用单位的优势给他们做了一个规划。"

——A 区第一书记 T100

在第一书记驻村工作期间，遇到了乡镇政府缺乏规划的问题，对此有能力、有资源的第一书记作为外部治理资源便会协助完成乡镇发展规划，但并非所有的第一书记都具备这样的资源和能力。从上述访谈可以看出，政府对乡村的投资还具有"撒胡椒面"特征，且投资更多是从"短平快"视角考量，较少从村庄发展长远进行考虑。如果从根源找乡镇政府缺乏规划的原因则跟压力型体制具有较大的关联，在税费改革后，乡村两级在基层治理中已呈实际上的"悬浮"状态，与村民之间的联系也不再紧密，日常工作更多是执行层面，工作主动性、创新性逐渐式微。

2. 行政压力下移

乡村基层工作是国家行政工作的末端，国家自上而下的各项具体工作都需要末端来落实，进而出现"上面千条线，下面一根针"的现象。作为"一根针"，乡镇及村成为落实各项政策的主体，但由于近年来层层转移压力、层层签订"军令状"的行政导向，使很多基层行政单位及半行政组织都倍感压力，人员不够、"文山会海"等问题仍然存在。

"我们村 6 500 人的规模，其中 2 500 人是农业户口，外来人口有 7 万左右，维稳就有很多事，我们村管理人员有 50 多人，就这些人还是不够，今天我们讨论还要不要增加人，年轻人也不少，普遍还是压力大，一个人办成好几个人用，一天天都是会，真正干事的时间少，一天上午三个会，下午四个会，各个口要求得又特别细，比过去具体操作的事复杂得多。"

——B 区第一书记 L065

上述访谈表明，在经济社会急剧转型的过程中，在乡村社会结构、治理秩序、治理对象等都发生较大变化的情形下，村庄在行政化后仍然无法应对现有的治理问题，各类会议都强调落实，可"文山会海"逐渐成为基层工作常态，真正需要干的工作却没有时间做，而且不同部门在布置工作的同时也要求考核细化，这表面看是压实责任，实际则是上级部门将各类"军令状"转化为避免责任的"挡箭牌"，上级部门热衷与下级签订责任状，实际上是一种"甩包袱"的官僚作风，这是变相地当"甩手掌柜"。这种行政倾向不仅不利于调动基层积极性，而且衍生出"以形式主义应对形式主义"的新问题，基层工作表面看忙忙碌碌但实际则表现为"空忙""白忙"等行政空转现象。

3. 政策"二传手"

在我国基层治理链条中，一些干部机械地做着"二传手"工作，他们看起来事事经手，似乎工作繁忙，却不思考、不研究，以会议落实会议、以文件落实文件，执行政策照抄照搬，决策推给上级，责任推给下级[44]。

"我驻村后才发现区里发的文件到镇里直接就转发给村里了，其实很多工作还是村里来做的。"

——B 区第一书记 CX122

上述访谈表现出乡镇政府层面的"二传手"表现，而这里的原因可能是乡镇无暇顾及此类工作，也可能是不愿吃透政策。若是前者，则显然是层层加压后乡镇政府没有足够人手应对，此种情况正如前文所分析的，乡镇政府也是被"二传手"的对象；如果是后者，则显然是乡镇政府的有意为之，将上级下派的任务直接传递给村级组织，但无论是哪种情况本质又都属于"二传手"表现。政策在自上而下制定过程中需要考量不同层面的解读能力和转译能力，如果中间环节未加处理就直接转发

147

不仅不利于工作，还更增加了基层的负担，这与中央的减负政策相悖。

（六）脱低的话语权"漂浮"

福柯认为话语即权力，对于脱低脱贫，真正的主体——低收入群体或贫困群体最有发言权，但实践中，脱贫攻坚战役里对贫困群体话语赋权不充分的现象较为严重[45]。如果不能给贫困群体、低收入群体、弱势群体在脱贫脱低脱弱过程中充分的话语赋权，则无法保证脱贫攻坚中的精准扶贫。

> "上级来了问两年能不能脱贫，这种想法有点急功近利，第一书记去了，不可能立刻就让村脱贫，因为大家都是低收入村，数字不是我们第一书记能说了算的，如果让我算，11 000元年收入标准百分百能脱贫，但区里肯定不同意。"
>
> ——I区第一书记 YQ098

上述访谈表明，第一书记作为政府下派干部，对于脱贫脱低也无话语权，而且认为脱贫脱低的话语权实际是由政府主导的，真正需要帮扶的对象在脱贫脱低中的话语权较弱。在脱贫攻坚中，不同低收入村、低收入户的确定在认定过程中往往面临"虚浮"现象，有的根据指标分配而非根据实际贫困群体或村庄来确定，这无疑忽视了真正需要帮扶的主体话语，进而可能出现政策、产业、人力等资源的错配倾向。扶贫（扶低）的长远性与考核领导的扶贫政绩存在矛盾[46]。

二、乡村产业

（一）乡村产业转型缓慢

产业振兴是乡村振兴的基础，而农业的弱质性、长周期性、高风险等特点决定了农业的比较效益较低，这就涉及如何振兴乡村产业。

1. 乡村产业发展内生动力有待提升

产业振兴是乡村振兴的重中之重，但多数乡村产业仍面临内生发展动力不足的问题。

　　"我们村最大的优势是首旅在我们那里投资了一个高端民宿，把半山腰上的旧民宅打造成五星级酒店，七八月份开始营业，每年给村里租金是 50 万元，在外边看来不多，但基本这个村就能活下去了，没有其他手段，光靠这个。"

——A 区第一书记 S009

　　"我们村准备打造一个亲子乐园，但现在村里没有相关的营销人员，所以可能会委托其他公司来运营，因为自己运营能力还不行。"

——B 区第一书记 YZ188

　　上述访谈表明，村集体收入对乡村旅游产业较为倚重，村集体经济组织还不能承担促进村集体收入整体增长的责任，因此，与社会资本合作成为村庄发展集体产业的重要路径。从访谈中可以看出，发展乡村民宿（主要是一些高端民宿）有利于盘活农村闲置宅基地和促进集体增收，而且能带动农特产品销售、农民就近就业，但集体产业振兴的内生动力还有待加强。近年来，随着社会资本下乡，国家给予了各项优惠政策，乡村政治精英和经济精英也主动对接社会资本开展各类民宿等乡村一二三产业融合的项目，但产业对普通农户的带动性、集体经济发展的可持续性作用都还有待研究，特别是一些社会资本可能主要瞄准的是各类"政策优惠包"而非真正从事农业产业。因此，一些"半吊子"农业项目也相继出现，不仅造成了集体资产的流失，也不利于集体经济发展和农户增收。

2. 集体经济发展存在"吃老本"倾向

　　壮大集体经济是降低城乡居民收入差距、弥补公共服务差距及促进共同富裕的重要举措，但集体经济发展由于产权权属具有公共性，无法避免部分组织成员"搭便车"倾向，进而影响集体经济发展的可持续性。

　　"我们位于 W 镇核心区，原来给我们定的是发展落后村，由于六环占地、楼盘开发，占地款在村里的账面上就有三四亿元，村民的养老金、粮食款等福利基本是从拆迁款里出，每个月发 1 200 元。但也面临一个状况，即没有支柱性产业，处于坐吃山空的状态，村干部工资支出一年差不多 300 多万元，这个钱通过出租房屋来解决，收入基本跟村干部的工资持平了。"

——B 区第一书记 YZ188

"北京城郊村有钱没产业，说实话就是靠的一次性收入，这几年就是逐渐在吃利息，或者一些林地养护费、租金，还没有自营收入。"

——B 区第一书记 CX122

上述访谈表明，随着城市化的发展，"征地"成为一些农村社会结构改变的重要转折点，村民搬迁上楼，各项福利则由村集体的拆迁腾退款支付，村集体收入主要依靠征地补偿款及出租房屋，从表面看，现有的模式既实现了村集体有收入、农民有福利、村干部有工资的结果，但村庄产业发展却是空白，存在"坐吃山空"的发展倾向。乡村振兴关键在产业振兴，但乡村产业特色、人才、支持政策等要素都需完善，而关键是如何摆脱对"征地拆迁款"这一类"意外之财"的依赖。

（二）政府投入内卷化

随着乡村振兴战略实施，国家对乡村振兴投入的资源将更多，相关的优惠政策也会密集出台，但实际政府投入在乡村的比例明显低于城市。农业农村部原副部长韩俊表示，2013 年到 2018 年全国的土地出让收入累计高达 28 万亿元，扣除成本性支出以后，土地出让收益是 5.4 万亿元，占到了土地出让收入的 19.2%。土地出让支出用于农业农村资金合计是 1.85 万亿元，仅占土地出让收益的 34.4%，占土地出让收入的 6.6%，用在城市建设的比例比农村要高得多[1]。由此可以看出，政府支持农业的资金比例低于城市建设，政府投资的城市化倾向明显，但随着我国经济的持续发展，这种倾向已逐渐逆转，尤其是精准扶贫国

---

[1] http://finance.eastmoney.com/a/202009241647698827.html.

家战略实施以来，国家投入的各类资金、人力资源以及出台的各类扶贫政策等都表明国家对农业基础地位的重视。但与此同时，政府对农业的投资也会带来"内卷化"现象。

> "农委一个200万元的项目到底每年能给村里带来多少产出，带来多少增收？其实做不了多少事，也就干活的农民能增加点打工收入，多种点树苗，山区好几十年都是这样。如果没有'首旅'投入，政府再怎么做也不行。"
>
> ——A区第一书记S009

上述访谈表明，政府对农村的投入产出并不匹配，而且带贫效果也具有短期性，最重要的是会使农村、农民对政府的投入产生路径依赖，无法实现内源式发展，而以"首旅"为代表的社会资本则不同，其在下乡发展农业相关产业的过程中与农村集体实现了互利双赢，社会资本是基于市场需求在村庄开展相关工作的，是能够链接农业供需两端的重要力量。由此可见，政府对乡村的帮扶要注意政府与市场的边界，政府主要在营造乡村振兴、精准脱贫的营商环境方面发挥作用，使社会资本、村集体、村民之间基于互利的原则建立市场化的合作机制，这是从长远来看激发村庄内源动力的重要机制。

（三）发展受限于规划

在推进乡村振兴过程中，产业振兴是基础。由于纯农业的产业收益相对较低，亟须发展各类一二三产业融合的农业产业，如农旅结合产业等，但在推进新型产业过程中往往面临用地掣肘，在18亿亩土地红线约束下，各类新型农业产业的发展都面临土地规划制约。

> "有产业资金也不行，这个村没有土地，项目不是很对口。"
>
> ——A区第一书记WJ088

> "产业发展方面就围绕旅游，我到村后到处找合作方，感兴趣的旅游公司有十几家，但这块遇到了很大困难，我们属于

151

生态涵养区，山上什么都干不了，村里也列入拆迁了，你说跟
人家合作，但人家不敢投。"

——H 区第一书记 JK054

土地资源事关我国粮食安全和生态安全，在推进乡村产业振兴过程
中理应从全局安全的角度考虑土地问题。上述访谈显示第一书记在推进
乡村产业过程中面临规划约束，这是合理的，但也要注意其他乡村低效
土地利用问题，比如闲置多年的宅基地等。在农业产业发展的用地规划
限制下，可以考虑通过"点状供地"模式来盘活乡村闲置低效建设用地
发展乡村产业，因此土地如何统筹在乡村振兴过程中应着重进行研究。

（四）农业政策不稳定

公共政策的制定是一项系统工程，政策效力的关键是政策需求与供
给的匹配，而政策的稳定性对于市场主体的行为具有显著影响。

"北京的农业政策不稳定，以前鼓励盖大棚，现在又不鼓
励了，产业政策没有持续性，不同时期鼓励不同的产业，农民
永远赶不上趟。"

——D 区第一书记 P098

上述访谈表明，农业政策的稳定性、连续性对农业的可持续发展具
有重要影响。由于农业属于时令性较强的产业形态，也属于弱势产业，
因此产业政策的延续性尤为重要，农业政策的不稳定性会使农民在搞农
业特色产业过程中无法产生稳定预期，不仅使农民对国家惠农政策产生
不信任感，而且会对产业发展、农民增收带来更大的伤害。

三、 乡村社会公共性

（一）村庄公共性缺失

一些研究者将村庄空心化和原子化、村庄社会秩序混乱、村组织管
理失效、村庄自然环境遭受破坏及失地农民权利难以得到保障的根本原
因归结于农村公共性缺失[47]。村庄公共性主要包括公共空间、公共服务、

公共交往、公共规则、公共精神[48]等内容，而本书主要探讨乡村社会随着经济发展、人口流动、政府资源下乡等而带来的公共精神"沦陷"，与其相伴随的是村庄长远发展、村民长远利益在村庄层面的"短视"。

1. 村庄公共利益遭遇个体利益"刁难"

村庄公共利益关乎所有村民共同的利益，是村庄治理共同体和生活共同体的重要组成内容，但随着改革开放及城市化的推进，乡村社会逐渐由封闭走向开放，乡村社会公共利益的维系逐渐式微。

> "村里一些项目规划要利用部分村民家的地时，他就说这是我种的菜地，给钱就让你干，我说我现在给你钱就是违规，说长远利益他根本不听，这是我遇到的最大的问题，部分村民缺少长远眼光。"

——H 区第一书记 NW320

> "村里修路的时候遇到钉子户，补偿款根据第三方评估是15 万元，但他要价 150 万元，少一分都不行，虽然想过强拆但因会导致村民集体反对，所以也没有执行。后来我们三四十次上门，又请律师才做通了工作。"

——A 区第一书记 W002

> "一旦涉及钱的事，村里就有些人要跳出来，比如修路，如果不把工程给村里一方'小势力'，这个事就干不下去，肯定会被拦。"

——G 区第一书记 ZG367

上述访谈表明，在政府资源下乡情形下，村庄公共设施的完善一旦涉及村民个体利益（尤其是钉子户）时往往会面临"漫天要价"以及对于公共利益的"漠视"。一些研究发现农民考虑是否参与公共事务主要看它能否从中获取即时性利益，即政府是否给予金钱报酬以及所给的报酬是否高于外出打工的收入，而不会考虑这项公共事业能给他们带来长远的利益[49]。一方面村民对于财产权的意识逐渐增强，另一方面乡村各类公共产品逐渐商品化后，村庄公共产品也逐渐成为部分"钉子户"获取经济利益的"商品"，村庄公共品的提供已无法依靠传统的公共治理资源如"长老政治""乡贤资源""族长"等来予以解决。在农业税费改革后，随着"三提五统"的取消，基层乡村两级不再有催粮派款的工作，而乡村两级的收入也不再依靠农村而主要来自上级政府的转移支付，这使他们对农村公共品的供给"有心无力"，农村各类公共设施、公共服务的提供更多依靠上级政府，进而农民的公共意识让位于个体私利则成为其理性选择，但农村公共产品的供给始终成为困扰基层治理的一大难题。

2. 政策效应诱导公共性流变

"我们村算一个比较大的村，差不多 500 多户、1 000 多人，常住 700 多人，年轻人都出去了，白天基本都是老人、孩子。周边旅游资源比较多，由于市里把村子列入城镇化范围，这么一折腾，老百姓期望值就很高了，因为拆迁就有钱，所以老百姓就纷纷占地盖房，村里根本控制不住，各家各户都盖满了，不要院子了，全是房子，一下就把村里环境搞得不好了。"

——H 区第一书记 LB078

上述访谈表明，城市化带来了农村集体建设用地中宅基地的增值，京郊部分村庄对于"瓦片经济"的依赖较强，再叠加村庄列入城镇规划范围而促使村民对于农宅未来价值的高价值心理预期，农户为了得到更多补偿款则往往会不顾村庄整体利益，采取个体行动以达到个体目标。从情理看，农民的理性行动是对国家政策的一种响应，很难说是一种负响应，但农民的个体理性实则导致了集体的非理性。

3. 村庄产业发展公共性不足

村庄公共性不仅体现在文化层面，也体现在产业层面，外部帮扶力量介入村庄产业过程中会遭遇村庄产业"重眼前轻长远"的公共困境。

"我们村里有一个柴鸡蛋的品牌，为了提高产业附加值，我就找一家做动漫的公司，让他们负责这个事，因为他们在品牌运营方面很有经验，往设计推广这块做，本来打算为这个品牌做资产入股成立合资公司。之后因为村里过分注重眼前利益，导致合作失败，当时品牌评估了 10 多万元吧，村里就觉得太少，认为至少 100 万元，由于村里要的钱太多，这个公司就不愿意合作了。但这个品牌怎么说呢，你放到村里就只能卖个柴鸡蛋，自己也做不大，你也没有这个能力啊，村里看不到长远的利益。"

——I 区第一书记 Z167

"农村老百姓非常朴实，但有一个问题，他最怕赔，你不让他见到钱，你说多少都不行。我一段时间后就发现，要钱肯定不行，什么项目一定要让他挣，只要不让他投资就行。"

——A 区第一书记 T100

乡村振兴的基础是产业振兴，尤其是集体经济的振兴，随着社会资本下乡，通过与社会资本合作的方式来提升乡村集体经济是一种重要的集体经济发展方式，但以集体经济组织为代表的村级组织在外部社会资本到来时并未做好准备。上述访谈表明，村级组织对以社会资本为代表的市场力量的认知并不全面，单向持有"吃亏"心态，这既表明村级组织对外部资本的警惕性，与社会经济转型中市场化、商品化对农民观念的转变有关；另外也表明村级组织表面理性背后是对于村庄内外经济合作的"非理性认知"，这反映出村级集体经济组织、村两委等村级组织对与外部社会资本合作还具有较大的局限性，还不能从长远角度看村社合作前景。也进一步反映出村级组织在企业管理、投资合作等方面的专业知识缺乏，尽管保留了资源发展自主权，但对集体经济乃至村民共有利益的长期提升并未深入考虑。与此同时，上述案例也反映了村民契约精神、契约意识的淡薄，村级集体经济的发展与村民收入和乡村产业结构转型都具有重要关联，但在集体经济组织市场主体意识缺乏、对外合作保守及村民契约意识淡薄的情形下，很难实现外部社会资本与村庄合作共赢，这需要进一步研究社会资本与村级组织如何建立紧密的利益联结机制以实现社会资本、村级组织、农民等各方利益最大化。正如一些研究所指出的"村庄集体并非天然是市场经济的敌对者，村庄集体也并非不能成为市场经济的经营者[50]"。此外，以家庭承包经营为基础、统分结合的双层经营体制在分的层面进展充分，但在统的层面却较为滞后，农民作为土地的独立经营主体由于分散决策而无法对集体事务包括集体经济振兴达成共识。实践中，如何保障村庄各项资源有效利用、可持续利用以及建立有利于共富的机制仍需探讨，尤其是亟须建立一种机制，使村庄能作为"农村社区经济共同体"与外部社会资本、市场进行对接，这种农村社区经济共同体是市场经济的产物，以契约为根本，按照市场规律办事，注重公平竞争和市场秩序维护[51]。尽管市场化、商品化、城市化观念已深深植入乡村，但村庄集体在乡村产业市场化经营中尚缺乏长远认知，因此，需进一步探讨社会资本与村集体经济共赢发展的路径。

4. 乡村治理公共性弱化

乡村治理公共性是指村庄社会公共事务能够使各类组织及利益主体达成共识并采取集体行动予以解决的过程。

"当时去的时候，村里的环境脏乱差，为什么脏乱差，就是因为没人管，为什么没人管，就是党支部、村委会涣散，没人管，老百姓就肆意妄为了。"

——E 区第一书记 WD006

"农村这种缠访闹，特别是有大项目到了，拆迁纠纷就出来了，没拆迁的时候、家里没房的时候大家都没事，大家一块穷，都特别和谐，一拆迁全是事。有些事你能听出来村干部做得不对，而有些事村干部只是在一些小细节方面有问题，但没有原则问题，可有些村民为了个人利益就闹，现在法律的诉讼成本比较低，一个钉子户就可能影响整个村，最后谁来买单，政府财政买单，这就是公共利益。"

——B 区第一书记 CX122

上述访谈表明，村庄乡村治理公共性逐渐弱化，这既与农村公共服务供给在体制机制方面还存在不足有关，也与城市化、市场化、商品化对农村社会结构、乡村文化、治理秩序等传统乡村社会格局的冲击有关，更与基层党组织软弱涣散、村级组织非民主化治理有重要关联。随着农民对财产权、个体发展权的重视，他们期望基层治理程序公正公平，但一些村干部优亲厚友、欺上瞒下，使村民无法享受到各项政策红利，而本质原因则是资源下乡、政策下乡过程中在村民和村干部之间持续产生一层无形的"隔膜"，因此才会出现所谓"钉子户""大闹大解决、小闹小解决、不闹不解决"等制约乡村良序治理的结果。此外，对于一些不合理的"闹缠"或上访现象，由于基层维稳考核体系对基层干部的制约，使基层干部只能采取"息事宁人"的方式处理各类"闹缠"问题。调研中一些第一书记表示基层村干部也运用国家资源及公共资源惩罚各类上访个体。

　　"我们村没有那么多集体经济收入，对上访的惩罚就是每年没有分红。但他们也会起诉，也会告你，他就缠得你村干部什么事也干不了。"

　　　　　　　　　　　　　　　　　　——D区第一书记W180

　　"我们村规民约也规定无理由上访每年分红不给他们分。"

　　　　　　　　　　　　　　　　　　——A区第一书记L001

　　上述基层治理方式，表面看实现了基层治理目标，但实际上为各类基层纠纷埋下了更大的隐患，并非乡村良序治理方式。乡村社会作为我国社会转型的缩影，利益高度分化、群体分化、乡村分层已是不争事实，但国家治理体系和治理能力的现代化还未做好充足的响应准备，而治理公共性的弱化、缺失亟须寻求多元共治的解决路径。

（二）村落共同体面临解构与重构

　　城市化进程已成为我国经济社会转型的宏大背景，但城市化与逆城市化同时并存。村庄作为社区经济共同体和治理共同体都面临转型[50]。随着农民进城带来村庄空心化和"三留守"问题的出现，村落共同体面临解构和重构。

　　"我们村在山区，只有200多人（213人），过20年后可能这个村就没了，我现在给他们花这么大力气建设，20年之后看我现在做的事可能是历史的倒退，所以说，振兴美丽乡村，真的要以人为本，从山区人口研究这个村是不是需要。"

——H区第一书记MT190

"我们那边有一个山顶村，平时就二十几个人，原因很简单，基本都搬出去了。"

——A区第一书记SD710

"我们去做一个调查，问是否想搬迁到村外，结果多数村民还是愿意留下来，因为你让他上楼，房子是安排好了，但他吃根葱都要去买，他在外边赚的钱也不够他消费。如果村里有能持续造血的产业，他们还是愿意在村里的。再说，搬迁后你还得交物业费、停车费等，在村里什么都不用交。"

——A区第一书记S009

由上述第一书记访谈能看出，北京郊区农村的空心化明显，乡村人口流出尤为突出，但村落共同体并未完全解体。根据《北京市乡村振兴战略规划（2018—2022年）》，未来村庄发展模式主要有整治完善类村庄、城镇集建类村庄、特色提升类村庄、整体搬迁类村庄，研究不同村庄的未来发展趋势实际难以界定其为何种发展村庄。由于"安土重迁""落叶归根"等文化影响，农户流出并不代表不会返回，农户作为理性主体也会权衡进城和返乡的成本，事实上，村庄作为土地、人口、文化与组织等要素共同的载体，对于农户个体而言是文化意义远大于经济意义的，农户迁移即便远离家乡千万里仍然保持着与故乡故土从情感到物质的关联[52]。因此，不能轻易谈村落的终结，乡村的未来更可能是城乡互动、适应与反适应的结果。

四、 发展路径依赖

（一）资源依赖与资源陷阱

在资源下乡背景下，第一书记往往被村庄视为资源引入、资金到村、项目到村的载体，项目制被寄予厚望。尽管项目制已成为一种国家治理体制[53]，但黄宗智等人研究发现"项目制"所遵循的其实是另一套逻辑，即逐利价值观下所形成的权钱结合，主要展示为"官商勾结"[54]。除了上述视角，我们对项目制代表的资源下乡影响更多从村庄视角来观察，资源下乡虽然能给村庄带来发展，但多数情况下是短期发展，而且也可能给村庄带来资源依赖和资源陷阱的结果。

> "我们去了以后就老是问我能不能弄来钱，有的第一书记能弄来，有的第一书记弄不来啊。"
>
> H 区第一书记 GX003

> "现在有一句话叫'功成不必在我'，你只待两年确实不会给村里干太大的事，两年搞个项目，要招标，加上可行性报告，转一圈一年就过去了，第二年项目还没实施你就该走了。老百姓就认为你把钱要过来，你的工作就完了。"
>
> ——H 区第一书记 SJ821

精准扶贫、精准脱低的关键是需要依靠村庄自身的内生动力，在推进精准扶贫、精准脱低过程中，如果政府对村庄一味输入资源、项目，必然会带来村庄发展的资源陷阱问题，也不利于乡村治理机制的构建。由上述访谈发现，村民对资源的依赖从机制上看是税费改革后国家控制乡村的结果，尽管国家提出"以城带乡、城市反哺农村"等城乡融合战略以化解我国的城乡"二元化"问题，但实践中，无论是精准脱贫还是乡村振兴，均体现了政府的主体性，而村庄包括村民、村干部等的主体作用尚未充分调动，自上而下的政策贯彻也未避免"村庄话语弱势"的结果，这显然又会带来资源错配发生的可能，且将村庄作为发展的被动一方也不利于多元主体作用发挥。

（二）无业村民就业意愿不强，对政府过度依赖

就业是经济的"晴雨表"，更是维持社会稳定的"定海神针"，经济稳增长必然要促就业，维护社会安定也必然要促就业。北京市作为首善之区，一直将稳就业作为一项重要工作，尤其是农村地区的低收入农民的就业工作。在 2016 年北京市人社局就出台了《关于做好促进低收入

农户就业增收有关工作的通知》①，从开发适合低收入农户劳动者的岗位资源、推行精细化公共就业服务、扩大社会公益性就业组织"托底"安置能力等方面拓展了农村低收入农户的就业渠道和方向。这一政策对农村低收入农户的就业促进具有重要作用，也显示了政府对低收入农户就业增收的重视，但当前部分低收入农户就业意愿不足、主动性不强。

> "我给我们村里一个闲散劳动力介绍工作，还是国企，3 400 元/月，但他两天就不干了，我给他打电话，村民就说："他们怎么乱指使我呀！'我就去了解，其实就是让他到各个企业去检查安全。那个孩子家境比较好，不在乎这个工作。此外，我想着组织他们去学技能，我找的万通学校，免1万多元学费，学汽车美容，还能给安排工作，但他们不愿意，就愿意在家，打点零工都行。"
>
> ——F区第一书记 H245

对于低收入农户的就业，实际存在农户就业的供求问题，单纯从经济学来看，影响农户就业意愿或就业需求的因素有很多，政府将低收入农户的就业作为一项公共服务提供凸显了政府的职责担当，但就业服务并非纯粹公共产品，因为并非所有农户都需享受这项服务，其具有排他性和竞争性，因此更类似普通商品，而普通农户对商品的需求必然存在差异性，也就存在就业供需不匹配而无法实现充分就业的现象。从社会学、政治学角度看，政府提供的就业服务是从"以人民为中心"的执政理念出发，但上述访谈却表明政府的"好心"没有被"领情"，农户"等靠要"思想依然存在，表面上是主动脱低、脱贫的意识与觉悟不高，实质则是资源配置在政府和市场的边界过度模糊所致。

五、 结论

从第一书记的视角观察乡村发展问题体现了"旁观者清"，也是

---

① http：//www.beijing.gov.cn/zhengce/zhengcefagui/qtwj/201912/t20191210_1027654.html.

第一书记联系上下，促进上情下达、下情上传的重要义务。结合前文分析，第一书记视角的乡村发展问题集中于乡村治理、乡村产业、乡村社会公共性、发展路径依赖等乡村振兴重要议题。乡村治理主要问题包括：行政技术专业化倾向对资源下乡效率的消解；数字治理的虚化造成治理偏差；村干部还存在激励不足及更新滞后、村干部不团结等问题；基层党建还存在党组织结构更新不及时、党建制度"漂浮化"、党组织工作遭遇家族势力干扰、党组织软弱涣散、村民对村两委不信任、村党员缺乏责任担当等问题；乡镇政府则存在缺乏发展规划、行政压力下移、政策"二传手"倾向等问题；在脱低方面则存在话语权"漂浮"现象，农户的脱低话语赋权尚不足。在乡村产业方面，存在产业内容动力不足、集体经济"吃老本"倾向；政府资源投入内卷化，即资源投入的增速并不代表发展质量的提升；还存在乡村产业发展受限、规划限制及农业政策不稳定等问题。在乡村社会公共性方面，乡村公共利益的实现往往遭遇个体利益的"刁难"；政策效应尤其是城市化政策易产生农民"等拆迁成巨富"的心理预期，但政策效应的结果是村民无序建房而带来村庄建设公共性流变、村庄产业发展公共性不足、乡村治理公共性不足；村落共同体面临解构与重构。在发展路径依赖方面，第一书记驻村工作被村庄视为国家资源下乡的机遇，但也使村民容易陷入资源陷阱，即缺乏内生发展动能的资源依赖症，而这种资源依赖症往往最终受益人是乡村精英，而并非普通农户；此外，无业村民就业意愿不强，对政府过度依赖。

第十章 总 结

一、 讨论

　　第一书记制度作为国家治理体系与治理能力现代化的重要创新对于基层稳定、乡村发展、农民增收尤其是基层党建的强化具有重要意义。第一书记作为国家治理在基层的拓展，能够实现国家与乡村社会的良性互动，是完成特定阶段国家发展目标和任务的关键举措，它突破了"条块治理""条块结合"等常规治理框架、治理思维，在条块行政体系外通过整合政府、社会、市场等主体和资源以撬动基层治理结构、活化基层治理体系、提高基层治理效能。第一书记在完成基层党建及驻村帮扶本职工作基础上，能够结合所驻村的实际情况，在寻计于民和问题导向基础上开展各类与京郊乡村振兴有关的工作，其中涌现出了诸多的优秀第一书记代表，不仅拉近了上级政府与基层民众的距离，而且极大改变了京郊发展落后村、软弱涣散村和低收入村的面貌。

　　与此同时，第一书记制度在实践中也面临各类问题，包括选派精准度有待提升、工作机制有待完善、培训针对性有待加强、考核激励机制有待健全等四类制约因素。在乡村社会急剧转型、利益主体诉求不一、乡村治理弱化及虚化的背景下，第一书记也遇到了各类问题，对他们的物质、精神、组织等支持和培训需求的差异化满足应成为未来政策完善过程中的优先考虑项。

二、 主要建议

　　第一，提高选派第一书记供给和软弱涣散村、低收入村、发展落后村发展需求的匹配度。在第一书记充分了解相关帮扶村信息的条件下，结合第一书记意愿和资源动员能力，将资源动员、职级、单位类型等因素和选派村的发展实际紧密结合后派驻第一书记。

第二，促进第一书记改进工作方式方法，加强连接村民的信息收集渠道。兼听则明，第一书记应在村干部和村民大会的需求收集渠道基础上，强化对个体村民的单独走访和广泛收集信息意识，提高驻村工作信息收集的精准度，进而为工作的有效开展奠定良好的群众基础。

第三，完善长效激励机制，提高第一书记工作积极性与自主性。应完善第一书记的个体成长激励措施，通过建立容错机制强化第一书记工作的积极性，为想干事、能干事、真干事的第一书记扫清各类制度障碍。同时，在选派环节，要注意将上级安排与第一书记主动作为相结合，避免"为选派而选派"的形式主义倾向，提高第一书记工作自主性。

第四，进一步明确职责定位，完善政策支撑。修订《关于做好选派机关优秀干部到村担任第一书记的意见》《北京市村党组织第一书记管理办法》，提高第一书记在驻村工作中的地位。针对派出单位、区镇两级党委，制定有关文件，明确各自职责任务，结合基层党建述职评议考核，加强考核管理。规范对第一书记的日常管理，明确激励机制，激发第一书记干事创业的动力。

第五，提高对第一书记的综合支持。市区两级组织部门应为第一书记提供组织支持、财政支持、协作机制支持等综合支持。在组织支持方面，第一书记所在区的组织部应为第一书记建立交流平台，定期举办第一书记联谊活动，促进第一书记的工作经验交流和借鉴。在财政支持方面，市区财政部门应酌情提高第一书记的补助水平，根据第一书记驻村地点与其家庭或单位的距离确定差异化的补助标准，降低第一书记工作过程中的物质成本。在协作机制支持方面，应建立第一书记参与乡镇例会制度和工作需求反馈渠道，解决第一书记工作中的实际需求。

第六，细化教育培训，满足第一书记培训需求。首先，在对不同工作背景、不同职务、不同任职阶段第一书记的培训需求进行调研后制定教育培训方案，优先强化"党建""沟通技巧"及"乡村旅游"等内容培训。其次,梳理细化政策法规和各项优惠政策,汇编成册,提高第一书记对涉农政策法规的认知。最后,开展案例教学,围绕"如何做好村党组织第一书记"主题,选择典型第一书记代表,通过专人采访、专题座谈、专项报告等活动形式,为可复制可推广的典型工作经验提供分享平台。

第七,建立第一书记弹性任期区间机制,促进第一书记工作衔接。可以改变目前第一书记留任 2～3 年的限制,根据第一书记驻村意愿和村庄发展需求,设置 2～5 年的弹性任期区间,这不仅可改变选派第一书记人员不足问题,也促进了第一书记工作时效性;设立第一书记工作接续重合期,如可提前三个月让继任第一书记与在任第一书记一起驻村工作,促进工作衔接。

用好第一书记这支队伍对于国家乡村振兴具有重要意义,第一书记作为国家在基层治理的延伸,从国家治理的角度实现了察民情、解民忧、暖民心的作用;从资源整合的角度也连接了城乡资源、政府资源和社会及市场资源、个体资源和集体资源,大大促进了乡村发展的资源可及性;从体制角度则打破了行政痼疾,压缩了行政链条,提高了政府行政效率。因此,应继续坚持以第一书记为代表的驻村干部制度,树立上下一体、内外融合的乡村发展思维,充分发挥国家在整合乡村振兴资源方面的体制优势,以早日实现我国农业农村现代化。

参考文献

[1] 袁立超，王三秀. 非科层化运作："干部驻村"制度的实践逻辑——基于闽东南 C 村的案例研究 [J]. 华中科技大学学报（社会科学版），2017，31（3）：131-137.

[2] 霍庆涛. 精准选派村"第一书记"[J]. 当代贵州，2015（20）：21.

[3] 吴琼. "第一书记"要当好"村里人"[J]. 党员生活（湖北），2015（9）：26.

[4] 王雨磊. 数字下乡：农村精准扶贫中的技术治理 [J]. 社会学研究，2016，31（6）：119-142.

[5] 文国云. 扶贫不能"打空拳"[J]. 领导科学，2016（25）：38.

[6] 王瑞. 关于信阳市市直机关选派村党组织第一书记的调研报告 [J]. 改革与开放，2011（22）：149-150.

[7] 许汉泽，李小云. 精准扶贫背景下驻村机制的实践困境及其后果——以豫中 J 县驻村"第一书记"扶贫为例？[J]. 江西财经大学学报，2017（3）：82-89.

[8] 蒋永甫，莫荣妹. 干部下乡、精准扶贫与农业产业化发展——基于"第一书记产业联盟"的案例分析 [J]. 贵州社会科学，2016（5）：162-168.

[9] 王晓毅. 精准扶贫与驻村帮扶 [J]. 国家行政学院学报，2016（3）：56-62.

[10] 覃志敏，岑家峰. 精准扶贫视域下干部驻村帮扶的减贫逻辑——以桂南 S 村的驻村帮扶实践为例 [J]. 贵州社会科学，2017（1）：163-168.

[11] 王丹莉，武力. 干部驻村：西藏乡村基层治理方式再透视——基于西藏六地一市干部驻村的问卷调查 [J]. 河北学刊，2017，37（3）：164-169.

[12] 吕忠. 下派第一书记的逻辑：政治碎片化、动员式治理与政治再整合 [J]. 青岛行政学院学报，2017（2）：96-100.

[13] 张义祯. 嵌入治理：下派驻村干部工作机制研究——以福建省为例 [J]. 中共福建省委党校学报，2015（12）：36-43.

[14] 王亚华，高瑞，等. 中国农村公共事务治理的危机与响应 [J]. 清华大学学报（哲学社会科学版），2016，31（2）：23-29.

[15] 李春华. "第一书记"在农村发展中的重要作用 [J]. 人民论坛，2017

(28)：71.

[16] 陈国申，唐京华. 试论外来"帮扶力量"对村民自治的影响——基于山东省 S 村 "第一书记"工作实践的调查 [J]. 天津行政学院学报，2015，17（6）：62 - 68.

[17] 袁立超，王三秀. 非科层化运作："干部驻村"制度的实践逻辑——基于闽东南 C 村的案例研究 [J]. 华中科技大学学报（社会科学版），2017，31（3）：131 - 137.

[18] 袁立超，王三秀. 嵌入型乡村扶贫模式：形成、理解与反思——以闽东南 C 村 "干部驻村"实践为例 [J]. 求实，2017（6）：76 - 86.

[19] 翟年祥，姜婷. 我国干部挂职锻炼问题及其对策研究 [J]. 求实，2011（2）：20 - 23.

[20] 庄龙玉. 农村社区治理：模式演进、方法转变与联动机制 [J]. 行政论坛，2018，25（4）：116 - 121.

[21] 刘守英，王一鸽. 从乡土中国到城乡中国——中国转型的乡村变迁视角 [J]. 管理世界，2018，34（10）：128 - 146.

[22] 吴理财，刘磊. 改革开放以来乡村社会公共性的流变与建构 [J]. 甘肃社会科学，2018（2）：11 - 18.

[23] 贺雪峰. 村级治理的变迁、困境与出路 [J]. 思想战线，2020，46（4）：129 - 136.

[24] 陈辉，陈晓军. 内容形式化与形式内容化：精准扶贫工作形式主义的生成机制与深层根源 [J]. 中国农村观察，2019（3）：52 - 63.

[25] 翟年祥，姜婷. 我国干部挂职锻炼问题及其对策研究 [J]. 求实，2011（2）：20 - 23.

[26] 张晓磊，杨术. 干部挂职锻炼中存在的问题及其对策研究 [J]. 云南行政学院学报，2006（3）：57 - 59.

[27] 宋丽范. 符号互动理论及其对教育的启示 [J]. 扬州大学学报（高教研究版），2007（1）：20 - 22.

[28] 吴振华. 驻村第一书记作用发挥存在的问题及建议 [J]. 中国国情国力，2017（12）：62 - 63.

[29] 刘建荣，邱正文. 村民自治背景下的村两委关系 [J]. 湘潭师范学院学报（社会科学版），2006（1）：68 - 70.

[30] 唐钧. 社会治理的四个特征 [N]. 北京日报，2015 - 03 - 02（14）.

[31] 李博，左停. 精准扶贫视角下农村产业化扶贫政策执行逻辑的探讨——以 Y 村大

棚蔬菜产业扶贫为例 [J]. 西南大学学报（社会科学版），2016，42（4）：66-73.

[32] 周雪光. 项目制：一个"控制权"理论视角 [J]. 开放时代，2015（2）：82-102.

[33] 周飞舟. 从汲取型政权到"悬浮型"政权——税费改革对国家与农民关系之影响 [J]. 社会学研究，2006（3）：1-38.

[34] 龚春明. 精致的利己主义者：村干部角色及"无为之治"——以赣东 D 镇乡村为例 [J]. 南京农业大学学报（社会科学版），2015，15（3）：27-33.

[35] 李艳培. 布尔迪厄场域理论研究综述 [J]. 决策与信息（财经观察），2008（6）：137-138.

[36] 许汉泽，李小云. 精准扶贫背景下驻村机制的实践困境及其后果——以豫中 J 县驻村"第一书记"扶贫为例？[J]. 江西财经大学学报，2017（3）：82-89.

[37] 王雨磊. 数字下乡：农村精准扶贫中的技术治理 [J]. 社会学研究，2016，31（6）：119-142.

[38] 龚春明. 精致的利己主义者：村干部角色及"无为之治"——以赣东 D 镇乡村为例 [J]. 南京农业大学学报（社会科学版），2015，15（3）：27-33.

[39] 苗月霞. 农村家族势力与村民自治运作绩效的社会资本研究 [J]. 广西社会科学，2007（2）：164-167.

[40] 夏振鹏. "选来选去总是那几个人"：中国农村选举微观困境及应对——以 W 村为例 [J]. 领导科学，2018（32）：31-33.

[41] 王军强. 乡村社会转型背景下农民合作社自适应性分析 [J]. 农村经济与科技，2020，31（11）：59-61.

[42] 杜赞奇，等. 文化、权力与国家 [M]. 江苏人民出版社，2008.

[43] 吴春梅，湛亭. 村庄公共事件中的农民价值观念分析 [J]. 理论探讨，2016（1）：146-151.

[44] 决策上推责任下推 "二传手"干部恶化基层政治生态 [EB/OL].（2018-05-11）[2022-09-01]. http://www.banyuetan.org/jczl/detail/20180511/1000200033136021526013078962882644_1.html.

[45] 李金龙，刘巧兰. 构建脱贫攻坚战役中农民合理话语赋权制度机制研究 [J]. 河南社会科学，2019，27（11）：65-72.

[46] 田景鹃. 精准扶贫的内涵、实践困境及其原因分析——基于务川仡佬族苗族自治县的调查 [J]. 当代经济，2015（33）：94-95.

[47] 武中哲，韩清怀. 农村社会的公共性变迁与治理模式建构 [J]. 华中农业大学学

报（社会科学版），2016（1）：15-21.

[48] 张良. 村庄公共性生长与国家权力介入［J］. 中国农业大学学报（社会科学版），2014，31（1）：24-32.

[49] 吴理财. "中国现阶段农民问题"研究课题之一　乡村文化的"丛林原则"［J］. 人民论坛，2011（7）：68-69.

[50] 毛丹. 村庄的大转型［J］. 浙江社会科学，2008（10）：2-13.

[51] 刘智勇，贾先文. 重塑农村社区经济共同体——基于农村社区社会资本视角 ［J］. 湖南社会科学，2018（6）：141-146.

[52] 李明欢. 一位汉学家对"安土重迁"的新解. 北京日报，2016-04-18.

[53] 渠敬东. 项目制：一种新的国家治理体制［J］. 中国社会科学，2012（5）：113-130.

[54] 黄宗智，龚为纲，等. "项目制"的运作机制和效果是"合理化"吗？［J］. 开放时代，2014（5）：143-159.